BEM COMUM E DIREITO AMBIENTAL

Editora Appris Ltda.
1.ª Edição - Copyright© 2024 do autor
Direitos de Edição Reservados à Editora Appris Ltda.

Nenhuma parte desta obra poderá ser utilizada indevidamente, sem estar de acordo com a Lei nº 9.610/98. Se incorreções forem encontradas, serão de exclusiva responsabilidade de seus organizadores. Foi realizado o Depósito Legal na Fundação Biblioteca Nacional, de acordo com as Leis nos 10.994, de 14/12/2004, e 12.192, de 14/01/2010.

Catalogação na Fonte
Elaborado por: Josefina A. S. Guedes
Bibliotecária CRB 9/870

D592b
2024
	Dionísio, Cristiano
	    Bem comum e direito ambiental / Cristiano Dionísio. – 1. ed. – Curitiba: Appris, 2024.
	    133 p. ; 23 cm. – (Direito e constituição).
	
	    Inclui referências.
	    ISBN 978-65-250-5988-4
	
	    1. Direito ambiental. 2. Meio ambiente. 3. Filosofia. 4. Direitos humanos I. Título. II. Série.
	
	                                                                                      CDD – 344

Livro de acordo com a normalização técnica da ABNT

Appris *editora*

Editora e Livraria Appris Ltda.
Av. Manoel Ribas, 2265 – Mercês
Curitiba/PR – CEP: 80810-002
Tel. (41) 3156 - 4731
www.editoraappris.com.br

Printed in Brazil
Impresso no Brasil

Cristiano Dionísio

BEM COMUM E DIREITO AMBIENTAL

FICHA TÉCNICA

EDITORIAL	Augusto Coelho
	Sara C. de Andrade Coelho
COMITÊ EDITORIAL	Marli Caetano
	Andréa Barbosa Gouveia - UFPR
	Edmeire C. Pereira - UFPR
	Iraneide da Silva - UFC
	Jacques de Lima Ferreira - UP
SUPERVISOR DA PRODUÇÃO	Renata Cristina Lopes Miccelli
ASSESSORIA EDITORIAL	Daniela Nazario
REVISÃO	Pâmela Isabel Oliveira
PRODUÇÃO EDITORIAL	Daniela Nazario
DIAGRAMAÇÃO	Jhonny Alves dos Reis
CAPA	Carlos Pereira
REVISÃO DE PROVA	William Rodrigues

COMITÊ CIENTÍFICO DA COLEÇÃO DIREITO E CONSTITUIÇÃO

DIREÇÃO CIENTÍFICA Antonio Evangelista de Souza Netto (PUC-SP)

CONSULTORES
- Ana Lúcia Porcionato (UNAERP)
- Arthur Mendes Lobo (UFPR)
- Augusto Passamani Bufulin (TJ/ES – UFES)
- Carlos Eduardo Pellegrini (PF - EPD/SP)
- Danielle Nogueira Mota Comar (USP)
- Domingos Thadeu Ribeiro da Fonseca (TJ/PR – EMAP)
- Elmer da Silva Marques (UNIOESTE)
- Georges Abboud (PUC/SP)
- Guilherme Vidal Vieira (EMPAP)
- Henrique Garbelini (FADISP)
- José Laurindo de Souza Netto (TJ/PR – UFPR)
- Larissa Pinho de Alencar Lima (UFRGS)
- Luiz Osório de Moraes Panza (Desembargador TJ/PR, professor doutor)
- Luiz Rodrigues Wambier (IDP/DF)
- Marcelo Quentin (UFPR)
- Mário Celegatto (TJ/PR – EMAP)
- Mário Luiz Ramidoff (UFPR)
- Maurício Baptistella Bunazar (USP)
- Maurício Dieter (USP)
- Ricardo Freitas Guimarães (PUC/SP)

*À Prof.ª Dr.ª Sueli de Jesus Monteiro, por tudo, por tanto
e para sempre a mais definitiva professora da minha vida.*

AGRADECIMENTOS

Agradeço toda orientação que me foi dada pelo Prof. Dr. Roberto Catalano Botelho Ferraz. Sem a sua confiança e generosa capacidade para o diálogo, este trabalho jamais teria sido possível.

PREFÁCIO

Entre o bem, o justo e o meio ambiente constitucionalmente protegido.

O tema do meio ambiente em relação com o desenvolvimento humano tem sido central nos estudos em diferentes campos do saber em face da sua importância teórica e de sua urgência política. Em tempos de aquecimento global e de grandes deslocamentos populacionais em face de emergências climáticas, a defesa de condições de vida e de sobrevivência para todas as pessoas do globo coloca-se na agenda do dia. Ou ainda: já deveria estar há muito na agenda.

Cristiano Dionísio, pesquisador atento e sensível, enfrenta essa questão a partir de um ponto de vista pouco usual. Não parte – como partiria eu, marca de constitucionalista – dos textos normativos. O autor vai às raízes do pensamento ocidental: aos textos fundamentais da forma de pensar o mundo, o ser humano e sua posição na coletividade. Traz Platão, Aristóteles e Tomás de Aquino para fundamentar a proteção ao meio ambiente no bem comum. Assim, o Direito Ambiental deve ser produzido, interpretado e aplicado segundo essa noção, tão importante para o pensamento republicano e neorrepublicano.

O conceito de bem comum, no entanto, é objeto de intensa disputa teórica e jurídica. Entre constitucionalistas e administrativistas o desacordo é frequente. Eu, abertamente celebratória da e apegada à Constituição de 1988, defendo que na República Brasileira instituída pelo processo constituinte o bem comum está explicitamente colocado no texto. O artigo 3º, ao estabelecer os objetivos fundamentais da República Federativa do Brasil, declara o que essa sociedade entende por bem comum nessa quadra da história: construir uma sociedade livre, justa e solidária; garantir o desenvolvimento nacional; erradicar a pobreza e a marginalização e reduzir as desigualdades sociais e regionais e promover o bem de todas as pessoas, sem preconceitos de origem, raça, sexo, cor, idade e quaisquer outras formas de discriminação.

Assim, partindo do papel constitutivo da Constituição (e em tempos de baixo sentimento constitucional e de concretização em camadas da Constituição eu insisto, mesmo correndo o risco de soar pleonástica), os elementos do bem comum no Brasil contemporâneo são a liberdade, a justiça, a solidariedade, o desenvolvimento, a superação da pobreza e da marginalização, a igualdade, o bem de todas as pessoas e o combate ao preconceito. Esse, no entanto, não é o caminho escolhido nessa obra. Cristiano apresenta seu conceito de bem comum a partir dos aportes filosóficos que elegeu. E afirma: "O bem comum, assim, é fim social dinâmico, vinculado à natureza humana, que se manifesta por meio do conjunto de condições materiais e imateriais, disponibilizadas com base em princípios distributivos e participativos que possibilitarão, a cada indivíduo da sociedade, por esforço próprio e conduta necessariamente ética, o pleno desenvolvimento das potencialidades de sua personalidade". A partir dessa concepção teórico-filosófica, mas com desdobramentos concretos manifestados na exigência de disponibilização de condições materiais e imateriais para o desenvolvimento de cada pessoa, por ações positivas do poder público fundamentadas em critérios de participação e redistribuição, o autor vai se dedicar ao meio ambiente e ao Direito Ambiental. Fiel a seus pressupostos, Dionísio parte da exigência de uma cidadania virtuosa, vinculada a uma noção de bem comum necessariamente racional e ética, e desde esse ponto de vista trata do meio ambiente como base para a vida humana e instrumento necessário para o desenvolvimento individual. O desenvolvimento humano, defende, apresenta quatro eixos – o intelectual, o moral, o social e o espiritual – e sua relação com o meio ambiente impacta nas possibilidades de escolhas presentes e futuras.

Da obra que agora se apresenta, extrai-se uma defesa do desenvolvimento humano radicalmente ético, o que coloca o ser humano no centro da concepção de bem comum e de direito ambiental. Eu, impressionada por um lado com um constitucionalismo latino-americano que coloca a natureza como titular de direitos, e por outro com demonstrações cotidianas de destruição do tecido social brasileiro pela ausência de solidariedade e de alteridade, fui provocada a refletir sobre esse olhar generoso que Cristiano Dionísio tem sobre a natureza humana.

E uma pesquisa acadêmica serve exatamente para isso: para trazer outros olhares sobre as questões que nos inquietam, para ampliar horizontes e apresentar novos caminhos. *Bem comum e Direito Ambiental* cumpre perfeitamente esse papel.

Curitiba, primavera de 2023.

Eneida Desiree Salgado
Professora de Direito Constitucional (UFPR) e defensora da Constituição de 1988

Lo intranquilizante es que en todo el mundo se está dando cada vez más esta inaparente identificación entre "bien común" y "aprovechamento comúm", lo cual demuestra — entre otras cosas — que la filosofía y el filosofar se va entendiendo cada vez más como un lujo intelectual, como algo que apenas resulta ya compatible con la "conciencia social", casi como una especie de sabotaje a las ocupaciones verdaderamente importantes.

(Josef Pieper)

APRESENTAÇÃO

No cenário complexo da vida em sociedade, o bem comum pode emergir como uma referência à compreensão da ligação entre nossas ações e o meio que nos cerca. Nas páginas deste livro, *Bem Comum e Direito Ambiental*, exploram-se suas raízes filosóficas e as ramificações que projetam tal conceito como fator de eticidade para o Direito Ambiental.

A filosofia aponta como o conceito de bem comum é uma ponte entre o individual e o coletivo, o presente e o futuro. Com base na leitura de Platão, Aristóteles e São Tomás de Aquino, este livro busca entrelaçar seus atos filosóficos em uma abordagem inovadora com o Direito Ambiental, tendo-se, assim, um veículo importante para atingir um equilíbrio entre o desenvolvimento humano e a proteção do nosso planeta.

Mas este livro vai além da teoria. Ele convoca os leitores a pensar criticamente, a questionar e a aprofundar seu entendimento do bem comum e sua relação com o Direito Ambiental. Com uma abordagem interdisciplinar e uma visão crítica, explora-se como a instrumentalização do Direito Ambiental pode ser examinada à luz de pressupostos éticos, evitando que o direito se torne uma simples extensão das visões de poder.

Espera-se, ao final, que esta obra confirme o compromisso de provocar seus leitores para a percepção da intrínseca interdependência entre a busca do bem comum e a salvaguarda da vida e seu desenvolvimento em nosso planeta.

Cristiano Dionísio

SUMÁRIO

1 INTRODUÇÃO 17

2 CONTRIBUIÇÕES FILOSÓFICAS PARA A COMPREENSÃO DO BEM COMUM 21
2.1 *República*: a contribuição de Platão 21
    2.1.2 A justiça na *República* 24
    2.1.3 A compreensão do bem na *República* 32
2.2 Ética a *Nicômaco* e *Política*: a contribuição de Aristóteles......................42
    2.2.1 A justiça como virtude 52
    2.2.2 O prazer e o sumo bem 54
    2.2.3 Felicidade: a revelação filosófica de Aristóteles..........................58
2.3 Política: o bem da sociedade 60
    2.3.1 A sociedade política e a vida virtuosa.....................................63
    2.3.2 A contribuição de Aristóteles..64
2.4 Tomás de Aquino: filosofia e fé 65
    2.4.1 Tomás de Aquino e a unidade do ser humano 67
    2.4.2 O bem comum em Tomás de Aquino..70

3 BEM COMUM E DIREITO AMBIENTAL 75
3.1 O bem comum e a realização humana 75
    3.1.2 O bem comum como fim social 76
    3.1.3 Aspectos do bem comum...81
3.2 Direitos Humanos e meio ambiente 87
    3.2.1 O meio ambiente na agenda internacional 96
    3.2.2 Relatório Nosso Futuro Comum: desenvolvimento sustentável e bem comum..105
    3.2.3 Conferência das Nações Unidas sobre Meio Ambiente e Desenvolvimento: um momento de síntese..111
3.3 O desenvolvimento humano como lastro do bem comum e do Direito Sócioambiental..116

4 CONCLUSÃO 125
REFERÊNCIAS 129

INTRODUÇÃO

A busca pelo bem comum é a busca pelo sentido da vivência humana em sociedade. Pensadores de diversos campos já se debruçaram sobre o tema e, por consequência, acabou-se por produzir uma pluralidade de entendimentos sobre aquele. Tal pluralidade pode ter como base, por exemplo, a leitura jurídica, política, econômica ou filosófica de cada um.

Esta obra pretende, assim, ajudar na compreensão de como uma interpretação do bem comum, a partir do Direito Ambiental, pode contribuir para que a preservação do meio ambiente faça parte, também, do próprio desenvolvimento humano. O que permite, inclusive, fundamentar uma perspectiva crítica diante da instrumentalização do Direito Ambiental, se este não se fizer acompanhar de pressupostos éticos.

Para a compreensão do que é o bem comum a partir da visão do Direito Ambiental, é preciso que se delimite o objeto sobre o qual incidirá essa nova perspectiva, ou seja, antes de se verificar quais são os elementos que o Direito Ambiental agrega, ou corrobora, ao entendimento de bem comum, é preciso estabelecer com qual conceito de bem comum se irá trabalhar.

Esse conceito, por certo, não é fruto da investigação racional de um único indivíduo, ou de uma única escola de pensamento, até porque a justificação da vivência do homem em sociedade reflete não só a sociedade historicamente determinada na qual a pessoa está inserida, mas também a própria projeção de sociedade ideal com a qual aquela trabalha.

O entendimento de bem comum com o qual se desenvolverá o presente estudo é o que pode ser depreendido das contribuições de Platão, Aristóteles e São Tomás de Aquino. É nesse eixo teórico que se buscará o bem comum a ser derivado pelo Direito Ambiental.

Não se trata de buscar nas obras de cada um dos referidos filósofos a confirmação das ideias dos demais, mas sim identificar as diferenças manifestadas por cada um e que contribuíram para um entendimento de bem comum que, seja por meio da crítica, seja por meio do endosso, é a base do conceito que ora se aceita sobre o tema.

Investigar as raízes filosóficas do conceito de bem comum para, num segundo momento, fazê-las frutificar por meio do Direito Ambiental (como de fato se espera que a Filosofia sempre alimente o Direito) não é mero pressuposto para a realização deste livro. É, antes, a condição sem a qual não se pode efetivar a aplicabilidade prática daquele.

Essa abordagem filosófica, por outro lado, é também necessária para o perfeito entendimento do que se busca com o desenvolvimento humano. Provoca-se: a preservação do meio ambiente, por si só, é suficiente para o desenvolvimento humano?

É o exercício da razão crítica, seja por parte de juristas, seja por parte de filósofos, que torna possível evitar que o Direito se torne *correia de transmissão* da visão do poder vigente sobre o conteúdo do bem comum. Nem toda evolução, como se sabe, é necessariamente um avanço.

O presente trabalho é desenvolvido em três etapas: na primeira se buscará o conceito de bem comum que serviu como base para a justificação filosófica deste trabalho.

Com Platão, em sua obra *República*, será possível identificar a síntese do pensamento metafísico daquele. Espera-se, com isso, demonstrar como o processo platônico de cisão da realidade em uma dimensão sensível e em uma dimensão inteligível só é viável por meio da singular leitura que esse autor realiza da própria ideia do Bem. O Bem é o princípio fundamental da metafísica de Platão, e como tal ressoará não só no processo de conhecimento, mas antes na própria atuação do homem em sociedade.

Desenvolvida a ideia de Bem em Platão, pode-se verificar a contribuição apresentada por Aristóteles ao conceito de bem comum.

Aristóteles concentra-se em demonstrar que o Bem não é somente um princípio metafísico que, como tal, não está presente nas coisas sensíveis da realidade apresentada aos sentidos humanos. Busca-se, assim, uma verificação do Bem nessa realidade. E mais: busca-se uma possibilidade de agir comunitário que concretize cotidianamente o Bem.

É nesse contexto que Aristóteles procura transportar a metafísica de Platão para uma realização humanamente possível. O estudo do homem na sociedade é caracterizado então pelas possibilidades de realização de seu Bem específico. É na busca pela realização do Bem específico do homem que se construirá a contribuição de Aristóteles para o entendimento da politicidade do homem e sua necessidade de uma vivência completa, a qual ensejará importante reflexão sobre o que é virtude, o que é ética e como se estabelece o bem comum; e ainda, qual o papel da riqueza, da honra e do prazer nesse contexto.

Estudam-se, para tanto, duas de suas obras: Ética a *Nicômaco* e *Política*. As quais numa análise mais sistemática podem ser consideradas dois momentos de um mesmo processo de questionar filosófico: por que o homem só "é" em sociedade?

O terceiro pensador a ser trabalhado será Tomás de Aquino. A sua contribuição dá-se na medida em que este realiza nova leitura de Platão e Aristóteles; indo além, contudo, projeta um entendimento de bem comum, visivelmente influenciado por uma perspectiva criacionista do universo.

Tomás de Aquino recupera o pensamento aristotélico para o Ocidente, sendo as referências a este uma constante em sua obra. Porém não se trata de mera tradução, mas sim de um novo ato de reflexão sobre a ideia de Bem, do homem e, principalmente, da Criação.

A contribuição desse filósofo não está sistematizada em uma única obra, mas pulverizada em alguns textos, os quais também serão objeto deste estudo. A mudança do ato filosófico sobre a política, que é deslocada do eixo da virtude para o eixo do bem comum, marca seu texto e não permite que seja lida somente como uma caixa de ressonância do pensamento de Aristóteles.

Com Platão, Aristóteles e Tomás de Aquino, entende-se que é possível a construção de um entendimento de bem comum que serve como fundamento para a leitura que se pretende realizar com o suporte do Direito Ambiental. Parte-se do estudo do Bem metafísico (Platão), trabalham-se as consequências da realização do Bem próprio do homem (Aristóteles) e tem-se uma síntese em função da sociedade (Tomás de Aquino).

O bem comum construído, dessa forma, encontra novos elementos de justificação, dessa vez jurídicos, os quais podem ser retratados no desenvolvimento contemporâneo da teoria dos direitos humanos e na projeção internacional da questão ambiental.

O meio ambiente constituiu-se, durante a segunda metade do século 20, em ponto fundamental da agenda internacional, não somente pelas externalidades identificadas no meio de produção e consumo, mas também pela identificação como elemento necessário para a fruição dos direitos humanos.

Pretende-se, com isso, verificar que o bem comum apresentado neste trabalho é uma das bases na qual está assentado um processo de preservação ambiental que tenha por escopo o desenvolvimento humano.

A ratificação da primazia da pessoa, e de seu necessário desenvolvimento, não só corrobora pressupostos de direito humanitário e ambiental, mas também lhes outorga contornos éticos importantes.

2

CONTRIBUIÇÕES FILOSÓFICAS PARA A COMPREENSÃO DO BEM COMUM

2.1 *República*: a contribuição de Platão

Na *República* encontra-se forte síntese do ato filosófico de Platão. Nela a justiça, enquanto valor humano, e a discussão das possibilidades de sua realização em sociedade não são o objetivo final da conversa protagonizada por Sócrates, tendo por interlocutores Polemarco, Trasímaco, Glauco e Adimanto, mas sim uma ferramenta para o questionamento filosófico da realidade tendo a ideia de bem como centro.

O entendimento da essência do bem, e como esta relaciona-se com as demais essências dos entes sensíveis, é o objeto de investigação de Platão. A sociedade que orbita essa lógica, dessa maneira, não é somente um projeto político, ou ainda o resgate histórico de modelos que poderiam ser considerados mais bem acabados.

Esse autor busca alcançar a verdade de cada ente, e, no limite, isso somente seria possível por meio do conhecimento daquilo que não é mutável sob qualquer fator contingente. O conhecimento da formação social do homem, portanto, só é possível na medida em que se conhece aquilo que nele nunca varia; seu bem, sua característica fundamental, sua forma: a sua alma.

Marca-se num primeiro momento, portanto, que a *República* não é um debate sobre uma forma de governo e o exercício de um poder político, mas sim um debate metafísico sobre a natureza humana.

Essa leitura dos ensinamentos de Platão apresenta variações, contudo a consideração da *República* como sendo somente projeto político não é dominante. Perine[1] aponta o projeto filosófico de Platão como pedagógico-político. Ou seja, a inflexão política de Platão não tinha por lastro a conquista e manutenção do poder, mas sim a *paideia*, a formação e a compreensão do

---
[1] *apud* PLATÃO. **República**. 1. ed. Adaptação de Marcelo Perine. São Paulo: Editora Scipione, 2001. p. 9.

homem. A visualização de uma sociedade perfeita, assim, dá-se como meio adequado para a formação de um homem perfeito, ou seja, aquele hábil para realizar seu bem próprio[2], sua natureza. Nas palavras de Perine[3]:

> A República de Platão, ao contrário do que muitos acreditam, não pretende formular um ideal utópico, isto é, que não pode ser realizado em lugar algum. Como o próprio Sócrates declara mais de uma vez, embora trate de coisas muito difíceis, o ideal que ali se desenha é realizável, não em uma cidade particular qualquer, mas no interior do homem que adere incondicionalmente à justiça e enfrenta o grande combate para realizá-la na própria alma.

Werner, ao seu tempo, realiza estudo da cultura grega não com base na análise de fatores que numa primeira análise poderiam parecer distintos, como religião, história militar ou direito, mas sim sobre o fundamento de um elemento que encerra todos os demais: a *paideia*. A forja educacional que dá origem ao homem grego.

Nessa tarefa pode ser identificada a possível fonte da interpretação dada por Perine, conforme acima indicada. Werner oferece uma leitura de um Estado "formador de almas", o qual, por extensão, tende a um processo educacional daqueles que nele habitam, um processo que pode ser considerado pedagógico. Nas palavras de Werner Jaeger[4]:

> O Estado de Platão versa, em última análise, sobre a alma do Homem. O que ele nos diz do Estado como tal e de sua estrutura, a chamada concepção orgânica do Estado, onde muito vêem a medula da República platônica, não tem outra função senão apresentar-nos a 'imagem reflexa ampliada' da alma e da sua estrutura respectiva. E nem é numa atitude primariamente teórica que Platão se situa diante do problema da alma, mas antes numa atitude prática: na atitude do *modelador de almas*. A formação da alma é a alavanca com a qual ele faz o seu Sócrates mover todo o Estado.

A centralidade do questionamento sobre o bem, o qual se dá por meio do debate sobre a justiça na República, também pode ser compreendido na medida em que se verifica o Platão homem-histórico, não o Platão filósofo.

---

[2] Trata-se de "bem próprio", não "próprio bem". Para Platão a definição de bem é específica e não deve ser malversada como egoísmo ou deformidade similar, como será adiante demonstrado.
[3] *apud* PLATÃO, op. cit., p. 21.
[4] JAEGER, 1989, p. 518-519.

A família de Platão tinha grau de parentesco com Sólon, grande legislador ateniense e considerado um dos fundadores da democracia naquela cidade. Esse filósofo teve, ainda, acesso à melhor educação possível para um jovem de Atenas em sua época. Fosse por pertencer a uma família privilegiada, fosse pela instrução recebida, seria natural que os fatos o encaminhassem para uma aproximação contundente dos temas ligados à gestão da cidade, da vida pública.

Para a cultura grega de então, não existia cidadania fora do exercício das funções públicas. O cidadão era todo aquele capaz de tomar parte na administração da cidade. A esfera pública definia e amoldurava a cidadania.

Noutra perspectiva, também importante, surge a Guerra do Peloponeso. Essa guerra envolvendo Esparta e Atenas começou três anos antes do nascimento de Platão e teve seu fim definitivo pouco mais de 25 anos depois[5]. Ou seja, sua educação privilegiada e o ambiente público da época de sua formação materializaram-se num cenário de profunda crise. Chauí[6] aponta a descrição feita no Livro III da República como retrato dessa época de graves fissuras sociais e crise moral. Werner[7] resgata o pensamento de um sofista desconhecido que colocava a questão material, econômica, como centro do Estado, o que, para a cultura grega de então, era ideia uma bastante discutível.

Na última fase da citada guerra, Atenas fora ocupada pelos espartanos, que nela instalaram um regime oligárquico, também conhecido como o dos "Trinta Tiranos"; o qual violentamente perseguiu e eliminou seus opositores políticos atenienses. O ressurgimento da democracia ateniense por meio de Trasíbulo, não obstante, deu vazão a outra ordem de perseguição política. Esta, por sua vez, teve como capítulo mais dramático para Platão a injusta morte de seu mestre Sócrates.

O que se tem dos dados acima é um estado político e cultural de contínua degradação das conquistas obtidas pela Atenas do Paternão e dos pensadores fundantes da filosofia. Nas palavras de Perine[8]:

> Aquela cidade, que tinha sido edificada sob o signo da liberdade e da razão, do equilíbrio e da medida, que tinha cons-

---

[5] A Guerra do Peloponeso teve início em 431 a.C. e fim definitivo em 404 a. C. (PLATÃO, 2001, p. 4).
[6] CHAUÍ, Marilena. **Introdução à História da Filosofia**: dos pré-socráticos a Aristóteles. v. 1. São Paulo: Companhia das Letras, 2002. p. 304.
[7] WERNER, 1989, p. 521.
[8] apud PLATÃO, 2001, p. 8.

truído o Partenão e se transformado em pátria da filosofia, estava agora agonizando em conseqüência das suas divisões internas corroída pelos excessos do espírito crítico despertado pelos sofistas, dominada pela tagarelice dos especialistas na arte de lutar com as palavras.

República, contudo, não é uma obra de resposta imediata a toda essa circunstância. Ela é reflexo de um pensar mais profundo e maduro, resultado de uma nítida percepção da degradação de um modelo social e das limitadas possibilidades de sua transformação por meio do exercício do poder político, uma vez que tanto a oligarquia quanto a democracia mostraram-se capazes de realizar grandes injustiças.

Reconhecendo que a cidadania grega estava ligada de forma indissociável da capacidade para exercer funções públicas e que a própria cidade só existe em torno dessas funções, é possível verificar que a disfunção social é antes a disfunção dos seus agentes. A degradação social é a degradação de seus cidadãos.

É nesse ponto que se estabelece uma melhor compreensão da *República*. Platão revela por meio de Sócrates não um guia de governo da cidade, mas sim nova leitura da alma humana; pois aquele acredita que a realização do bem próprio do homem é a realização da justiça, e esta, por sua vez, é condição necessária para uma sociedade melhor. A sociedade, por fim, deve possibilitar ao homem o exercício de seu bem próprio, qual seja, o exercício da vida justa e do conhecimento do bem.

Sem essa perspectiva mais ampla do ato filosófico de Platão, pode-se, de forma equivocada, pensar que ele põe o indivíduo em estado de submissão total ao coletivo[9], quando, de fato, esse não é o pensamento central do texto.

2.1.2 A justiça na *República*

Desde o início, o autor já indica que seu texto não vai ter como eixo somente as experiências humanas do tempo presente ou passado, mas sim suas possibilidades futuras em outro nível de percepção.

A reflexão sobre a justiça surge na obra de forma quase prosaica, quando Céfalo comenta com Sócrates que sua visível tranquilidade, mesmo estando em idade avançada, surge não em razão de suas posses materiais, e sim do fato de ter vivido justamente. Segundo ele, a velhice permite, para

---

[9] BONAVIDES, 1995 (teoria geral do Estado - completar citação).

quem tenha vivido uma vida justa, um sentimento de melhor conforto quanto ao futuro; no entanto, quem viveu na prática da injustiça só tem a temer o futuro, a proximidade da morte.

A justiça, portanto, não surge na obra como discussão acerca da edição de alguma lei, ou ainda da análise de algum ato de governo. Ela surge como um elemento na reflexão de um homem sobre sua vida, sua velhice e a proximidade de sua morte. Platão inicia essa reflexão sob a perspectiva do medo (para quem pratica a injustiça) e da esperança (para quem pratica a justiça), ou seja, estabelece a justiça como um primeiro objeto de reflexão e sua relação com dois opostos: o medo e a esperança.[10]

No decorrer da conversa, Sócrates reconhece que a justiça é uma virtude, contudo procura demonstrar que sua prática não se justifica somente por seus efeitos materiais ou por sua apreciação concreta. Dessa forma, evidencia o senso comum acerca do tema. Platão indica por meio de Sócrates que a justiça não é somente o mero não mentir, o devolver a cada um o que lhe pertence, ou ainda zelar somente por seus amigos.

Diante das hipóteses levantadas, Trasímaco[11,12] traz o primeiro questionamento não acerca da prática da justiça, e sim de seu efetivo conteúdo. Ele assevera:

> Que falatório mais inútil é esse, ó Sócrates! Vocês ficam aí passando a palavra um ao outro como tolos! Se você quer realmente saber o que é justiça, porque você mesmo não responde, em vez de ficar fazendo perguntas, coisa que é muito mais fácil? E não me venha com definições bobas, dizendo que a justiça é o dever, ou a utilidade, ou a vantagem ou o que é conveniente! Se quiser me convencer, fale seriamente porque não estou disposto a ouvir besteiras![13]

E mais adiante expõe sua própria ideia de justiça: "Pois eu afirmo que a justiça não é mais do que o interesse do mais forte. O que você está esperando para aplaudir? Ou será que você não concorda?".[14]

---

[10] Essa dualidade, como será demonstrado, é fundamental para o entendimento de Platão e de sua Teoria das Ideias.

[11] É interessante notar que os debatedores não são por si, mas pelo que representam. Sócrates como filósofo, ou ainda Trasímaco como sofista (CHAUÍ, 2002, p. 305).

[12] Reconhecendo essas ideias, torna-se mais fácil verificar a contraposição daquele que indaga e espera construir a resposta, o filósofo, e daquele que quer convencer e pôr fim ao debate, o sofista. Trasímaco não se insurgiu na busca da verdade, e sim do convencimento.

[13] PLATÃO, 2001, p. 25.

[14] Ibidem, p. 26.

Nessa oportunidade, Trasímaco tenta sustentar sua tese com base na experiência material e sensível. Procura demonstrar que o injusto sempre se sobressai ao justo e que de modo geral os injustos são capazes de conseguir vantagens materiais e políticas em face do justo. Ele entende, em síntese, que a injustiça não é um padrão social não porque as pessoas não concordam com ela, mas sim por simples medo de serem vítimas dela.

Para enfrentar esse posicionamento, Sócrates, mais uma vez, sai do plano materialmente aferível. Não vai tentar provar que os justos são mais ricos, tem vida mais longeva, ou ainda maior prestígio público. Ele desloca a discussão do eixo material para o eixo valorativo. Num primeiro momento, demonstra que a justiça é uma virtude e o seu exercício faz o bem; já a injustiça é um vício, e o seu exercício faz o mal.

Cabe destacar que a negativa em discutir a justiça por um eixo material não significa a aceitação de que a sua realização prática não é possível. O que Platão aponta é que, antes de ser um dado social, o entendimento do justo é um dado subjetivo. Assim, é noutro plano que não o material que se estabelecerá o real entendimento do que é justo. A realização prática da justiça, por conseguinte, não se justifica com base na realidade material, e sim no entendimento do seu verdadeiro conteúdo. A realidade material não é a justificação da justiça, e sim seu campo de atuação.

Dando continuidade ao debate, Sócrates indica que qualquer coisa existente tem uma função. Essa função, por sua vez, só pode ser exercida de modo pleno e perfeito se realizada pela própria coisa; ou como explica Perine[15]: "Portanto, a função de cada coisa é também a sua virtude, pois nenhuma outra coisa desempenharia a sua função melhor do que ela".

Sócrates, com isso, identifica que nada pode exercer com mais perfeição a justiça do que a própria alma; a virtude da alma, logo, é a justiça. Como consequência, indica-se que o exercício da virtude é um bem, enquanto o não exercício é um mal.

O resultado da análise proposta é que a alma exerce diversas funções no homem, sendo a justiça sua virtude (sua função própria e insubstituível), assim o homem ao viver justamente está realizando a virtude da alma e, por consequência, poderá viver bem; já aquele que pratica a injustiça está exercendo não uma virtude da alma, mas um vício. Sendo o vício o contrário da virtude, seu efeito também será o contrário — será, por conseguinte, uma vida infeliz.

---

[15] *apud* PLATÃO, 2001, p. 32.

O elemento fundamental na perspectiva apresentada por Platão é a desvinculação do bem viver de qualquer hipótese de riqueza material ou poder. O bem viver humano é fruto do exercício da virtude da alma, da justiça. Como não é crível que alguém deseje viver mal, estaria provado que a justiça é mais vantajosa do que a busca pela injustiça.

Glauco e Adimanto, que haviam acompanhado todo o embate de ideias entre o filósofo e o sofista, não obstante as explicações apresentadas pelo primeiro, deram novo fôlego à questão. Saber que a justiça é um bem, ou ainda uma virtude da alma, nada mais seria, na opinião dos dois debatedores, do que um primeiro estágio para seu conhecimento. Uma questão imprescindível seria identificar a que tipo de bem a justiça pertenceria. Seria a justiça um bem desejável por si, por si e pelos seus efeitos, ou somente por seus efeitos?

Os questionamentos de Glauco e Adimanto são o marco que definem a *República* como uma obra de metafísica e que utiliza a investigação da justiça como ferramenta para o conhecimento do bem, e não uma obra de mera hipótese política. Platão buscará demonstrar que a despeito das repercussões sociais, é melhor "ser" justo que "parecer" justo, e, ainda, que mesmo não havendo possibilidade de reconhecimento, fosse por homens, fosse por deuses, a prática da justiça é válida.

A investigação, portanto, era sobre a origem da justiça, sua natureza, o que a fazia tão singular a ponto de ser válida independentemente de qualquer fator contingente. Platão, para tanto, por meio de Sócrates, adota um recurso pedagógico para facilitar o entendimento da questão. Sendo a justiça elemento comum à alma humana e à cidade, tentar-se-á investigar a formação da justiça na cidade, que é um objeto mais evidente de observação, para daí depreender a formação da justiça na alma humana. Essa manobra filosófica é conceituada por Chauí[16] como "isoformismo entre alma individual e virtude da cidade". Ou ainda, nas palavras de Werner[17]: "Visto que a justiça existe tanto na alma do indivíduo como no conjunto do Estado, é evidente que neste quadro muito maior, ainda que mais distante, se poderá ler a essência da justiça em sinais mais vultuosos e mais claros, por assim dizer, que na alma do homem individual".

Sócrates, nesse sentido, idealiza uma cidade que seja justa como ponto para reflexão de como é um homem justo. Utilizando-se de metáforas,

---

[16] CHAUÍ, 2002, p. 309.
[17] WERNER, 1989, p. 526.

explica a Glauco e Adimanto que a cidade justa teria três classes distintas: uma de artesão e lavradores (classe econômica), uma de guardiões (classe militar) e uma de governadores (classe de magistrados).

Se cada coisa que existe tem uma função que lhe é própria, e o exercício dessa função é a virtude dela própria, na cidade justa explicada por Sócrates cada classe exercerá somente sua função própria, ou seja, a sua virtude. A cidade justa, portanto, não teria artesãos como guerreiros, nem guerreiros como governantes.

É nessa passagem que Platão utiliza a descrição da cidade justa como crítica nada velada, porém indireta, à degradação social da qual Atenas era vítima. Critica duramente a poesia e a música ministradas aos jovens, a desigualdade econômica e a irascibilidade de governantes, conforme já indicado anteriormente. A cidade justa de Sócrates é um momento de catarse política de Platão.

Se o exercício da virtude, isto é, da função que lhe é própria, é ato necessário para realização do bem; na cidade justa se cada classe exercer a sua própria função, por consequência ela será boa. Nas palavras de Sócrates: "Se a nossa cidade já tiver sido bem fundada, ela deverá ser plenamente boa, não é verdade? Portanto deverá ser sábia, corajosa, moderada e justa".[18] É importante destacar que o filósofo indica o bem como condição e consequência da cidade que é sábia, corajosa, moderada e justa. Essa questão será retomada no próximo ponto quando se discorrerá sobre a compreensão do bem na República. Destaca-se, contudo, a centralidade do bem no raciocínio apresentado por Sócrates.

A sabedoria da cidade estará na aptidão dos governantes de realizarem as escolhas corretas em prol do coletivo. A coragem da cidade estará na manutenção de seu entendimento quanto ao que lhe é benéfico, ou não, independentemente de qualquer conjuntura, ou nas palavras de Sócrates: "é a força de manter, em todas as circunstâncias, a opinião correta e legítima sobre as coisas temíveis e as que não são". [19]

Adiante Sócrates apresenta a moderação como elemento fundamental para a justiça na cidade que idealizou. Essa moderação é a capacidade de manter-se equilibrado seja diante das paixões, das dores ou dos prazeres.

---

[18] PLATÃO, 2001, p. 50.

[19] *Ibidem*, p. 52. Nessa passagem é impossível não reconhecer a homenagem de Platão a seu mestre Sócrates. De tantas formas possíveis para a identificação da coragem, ele se nega a facilidade de invocar a figura de um guerreiro ou uma situação de força física diante do perigo. Para Platão o maior exemplo de coragem é a firmeza de caráter. Firmeza essa que Sócrates teve durante seu julgamento e aplicação da pena que lhe foi imposta.

Como essa qualidade deve, necessariamente, estar presente em todas as classes da cidade, dos governantes aos governados, a moderação seria uma espécie de harmonia.

Aqui se mostra uma cisão. Se a sabedoria ou a coragem poderiam estar presentes em poucos, a moderação deve estar necessariamente em todos, em todas as classes. A mensagem indicada por Sócrates é tão simples quanto direta: sem equilíbrio não há justiça. Quem somente procura o prazer, ou quem somente se rende à dor, não terá como praticar a justiça.

Se cada classe possui uma função que lhe é própria, e se o exercício dessa função é a sua própria virtude, a justiça se estabelecerá na medida em que cada uma das classes for capaz de exercer sua função, sem que com isso venha impossibilitar que as demais partes também exerçam suas respectivas funções. A justiça é o exercício da virtude, e cabe à classe governante administrá-la. A seguinte passagem da obra sintetiza a ideia apresentada[20]:

> *Glauco* — Então, a justiça na cidade consiste em que cada um execute a tarefa que lhe é própria e não se meta na dos outros?
>
> *Sócrates* — Exatamente, Glauco. Embora isso se aplique aos três grupos que compõem a cidade, é aos governantes que compete administrá-la, evitando que cada um se aproprie dos bens[21] alheios e seja privado dos próprios. E agora que já é bem visível para nós o que é a justiça na cidade, podemos facilmente transferi-la para o indivíduo, porque o homem justo deverá ser semelhante à cidade justa.

Sócrates passa então à análise da alma humana, que, como fora indicado anteriormente, é o objeto central do debate. A justiça prossegue como guia nesse processo, mas não esgota a busca do bem, como será visto adiante.

Como Sócrates havia resgatado a cidade justa para identificar como a justiça nela se fazia presente, era necessário demonstrar que o mesmo ocorre na alma humana. Ele identifica, para tanto, na alma do indivíduo, funções correspondentes e em igual número aos das classes da cidade justa. A alma humana teria, portanto, uma função "governante" que deveria ser necessariamente sábia, na medida em que é ela quem realiza as melhores escolhas para o indivíduo. Há, portanto, uma identificação direta entre a classe governante na cidade justa e a razão na alma justa do homem: a razão deve governar a alma.

---

[20] *Ibidem*, p. 53.

[21] Não se deve ter aqui o falso entendimento de que se trata de bens materiais. Como se os guardiões retivessem os utensílios dos artesãos. O bem citado é a característica individualizadora de cada classe.

Identificada a razão como "governadora da alma", é possível depreender que a coragem, a moderação e a justiça também se farão presentes. Por consequência, o homem justo é aquele que realiza plenamente as funções de sua alma de forma harmônica (ou seja, moderada) e sob a égide da razão.

Sócrates demonstra, com isso, aos seus interlocutores que a justiça é um bem válido por seus efeitos; afinal o seu exercício é condição de um bem viver humano. Contudo essa é somente a primeira tese a ser demonstrada. A segunda, e fundamentalmente importante, é verificar como pode a justiça valer por si mesma para além de seus efeitos. Se Sócrates não enfrentasse essa questão, todo o seu pensar teria servido apenas a corroborar a posição de Trasímaco; qual seja, de que a justiça vale somente por seus efeitos.

Trasímaco, o sofista, de modo distinto também advogava o entendimento do exercício da justiça por seus efeitos. Quando ele coloca a justiça como o arbítrio dos fortes, pode-se entender que a justiça existirá somente em função desses fortes que a definem. Ou seja, a definição de justiça será estabelecida por seus efeitos em favor de quem a exerce. A justiça será somente ferramenta, será somente utilidade.

Sócrates, por outro lado, pretende demonstrar que a justiça não é válida somente por seus efeitos, mas também por si própria. Ele procurará romper com o utilitarismo da justiça entendendo-a como valor. Ao procurar na justiça algo além de sua utilidade, o filósofo tenta, em verdade, diminuir seu excessivo relativismo por quem deve administrá-la. Se o direito tinha lastro na lei, a justiça teria lastro na alma, sendo, portanto, uma realidade íntima, porque de cada indivíduo, e superior, porque presente em todos.

Werner[22] indica a consequência do utilitarismo sofista:

> O direito torna-se deste modo uma simples função do poder, que não corresponde de per si a nenhum princípio moral. Com efeito, ainda que todos os governos em todas as épocas aceitem o princípio de que o interesse coletivo deve prevalecer sobre o interesse próprio, o certo é que todos os que exercem o poder interpretam a seu modo este princípio. E se a justiça for considerada equivalente à vantagem do mais forte, então toda luta dos homens por um ideal superior de direito se converterá numa ilusão, a ordem do Estado que o pretenda realizar, num mero biombo, por trás do qual se continuará a desenrolar a implacável guerra de interesses.

---

[22] WERNER, 1989, p. 522.

Fazendo a correspondência com a alma humana, identifica-se que a indevida relativização da justiça, ou seja, da razão como virtude da alma, seja sob pressões decorrentes de reprovação social, ideias contrárias, sentimentos de prazer, dor ou medo, terá como consequência o não exercício satisfatório das demais funções da alma necessárias ao homem justo e ao bem viver, quais sejam: sabedoria, coragem e prudência.

Resta caracterizada, portanto, que a justiça vale por seus efeitos, bem como ficam claros os riscos decorrentes da sua prática somente por essa motivação. A justiça como valor em si, logo, não poderá depender de qualquer contingência material ou apreciação valorativa de terceiros. Ela estará além do plano físico. Ela estará na metafísica.

Platão indica, por conseguinte, mais uma vez, que a compreensão da justiça como já explanada, e do modo como esta valerá por si, somente será possível pelo verdadeiro ato de conhecimento, o ato filosófico.

É nessa perspectiva que surge a teoria do governo dos filósofos. Quando Sócrates é questionado por Glauco sobre a aplicabilidade prática de suas ideias, ou, em outras palavras, como fazer real a cidade justa, o filósofo lembra que não pretendia realizar um programa de governo, mas sim investigar a justiça. Nesse ponto reafirma-se o real conteúdo da obra e elucida-se, mais uma vez, que a cidade justa é uma metáfora da alma humana.

Em seguida, Sócrates afirma que a cidade justa só seria possível na medida em que os filósofos exercessem o poder. A função de governante seria mais bem exercida quanto mais seus titulares fossem capazes de entender as essências das diversas questões postas diante de si e, com base nesse conhecimento, e não na aparência e opiniões, ser capaz de tomar as melhores decisões.

A busca dessa essência em cada situação é a busca pela verdade. Logo, somente os filósofos seriam capazes de realizá-la. O ato filosófico descrito por Sócrates não é um ofício, mas uma atitude, uma postura perante a vida. O filósofo é aquele que não admira opiniões e aparências, mas sim a verdade. A cidade justa de Sócrates seria realizável, portanto, na medida em que os governantes fossem capazes de tomar as decisões que se fizessem necessárias com base na verdade dos seres e das situações, ou seja, com base na essência. Sócrates afirma ao final do Livro V: "Por conseguinte, os que amam o ser em todas as suas formas merecem o nome de filósofos, isto é, 'amigos do saber', e não de amigos da opinião".[23]

---

[23] PLATÃO, 2001, p. 70.

Resgatando-se a lembrança que o próprio Sócrates faz de que toda sua explanação tem por base a investigação da justiça, e não de um programa de governo, e ainda, que a justiça é a virtude da alma, percebe-se que o governo dos filósofos representa não mais do que uma afirmação, ainda mais clara e precisa, da razão como a mais alta função da alma.

É a reafirmação de que somente o exercício da virtude da alma, da justiça (que compreende o exercício das funções da alma sob a égide da razão), é capaz de tornar o homem justo. Alia-se, portanto, o ser justo ao justo agir como fundamento do bem viver.

A justiça para Sócrates, por conseguinte, é o exercício da virtude da alma que terá como consequência o bem viver do homem. Essa virtude caracteriza-se pelo exercício das diversas funções da alma de forma harmoniosa sob o marco da razão. Contudo a justiça é um bem desejável não só por seus efeitos, mas também por si, independentemente de qualquer repercussão, seja em face dos homens, seja em face dos deuses.

Entender como a justiça vale por si somente é viável com o entendimento da ideia de bem. Chega-se, pois, ao ponto central da *República*: a busca pelo bem.

2.1.3 A compreensão do bem na *República*

Sócrates revelou aos seus interlocutores a importância do pensar filosoficamente, ou seja, de buscar verdades e não aparências, para a realização da justiça e consequente bem viver humano.

Esse pensar filosófico, ao seu tempo, embora não seja um ofício, como há pouco foi dito, também requer uma preparação. Nessa passagem o filósofo critica o processo educacional de então, que falsamente transmitia a jovens, recém-saídos da adolescência, a ilusão de que já poderiam operar plenamente o exercício do pensar. Em oposição, Sócrates defendia a formação filosófica como um processo de vida, pois o conhecimento que caracteriza o filósofo é distinto dos demais. O filósofo deve conhecer essências, não aparências.

O conhecimento filosófico, portanto, é mais profundo, ou ainda mais elevado e denso que os demais, razão pela qual essa formação confunde-se com o próprio viver do sujeito.

Dentre todos os conhecimentos apreciáveis de forma filosófica, o de grau mais elevado é o conhecimento do bem, porque é o conhecimento filosófico do bem, ou seja, de sua essência, que tornará possível a compreensão de que todas as demais virtudes, incluindo a justiça, estão a ele ligadas.

Ao identificar o conhecimento da essência do bem como objeto próprio do filósofo, e este como sendo o governante mais adequado para uma construção da cidade justa, Platão estabelece que o agir e pensar desse governante deve subordinar-se a esse conhecimento do bem. O bem é a medida do pensar e do agir filosófico. É, pois, sob o vínculo do bem que o governo, seja da cidade justa, seja da alma individual do homem, deve existir.

Quando questionado sobre qual era a essência do bem, de tão profundo significado, Sócrates, de forma pedagógica, prefere não o definir, mas sim aos seus "juros", ou seja, aquilo que do bem é derivado, possui semelhança, mas com ele não se confunde.

Para se chegar a tal ponto, contudo, é preciso entender a existência da própria essência. É nesse momento que se apresenta o dualismo filosófico de Platão: a cisão entre uma realidade sensível e outra inteligível. Parte-se, pois, do entendimento de que existem, por exemplo, coisas belas ou coisas saborosas. Tais coisas, contudo, serão belas ou saborosas na medida em que apresentarem em si algo da essência do belo e da essência do sabor.

A essência é, no pensamento revelado por Platão, a verdade incondicional de cada coisa, ou ainda, verdade que se revela independentemente de quaisquer fatores que lhes sejam exteriores. A essência é o fundamento de cada ente de modo a caracterizá-lo, de maneira singular, diante de toda a realidade.

Dessa maneira a aparência, a textura, o cheiro, o sabor, são verificáveis (tornam-se verdadeiros) por meio dos sentidos, sejam eles a visão, o tato, o olfato ou o paladar. A realidade aparente, portanto, é física.

A essência, por sua vez, não está na matéria. Não é pelo retalhar da flor que se verificará a essência do perfume. O caminho para a essência somente a razão pode percorrer, uma vez que esta só pode ser pensada, e só pelo pensamento demonstrada. A essência é inteligível, não sensível; sua confirmação está além do físico. Está no metafísico.

É dessa leitura acerca da essência que se torna possível caminhar em direção ao bem. Sócrates, para explicar a Glauco o papel central dos "juros" do bem, para o pensar e agir filosófico, utiliza-se de linguagem quase poética ao compará-los à luz. O filósofo demonstra para Glauco que entre o sujeito que vê e o objeto a ser visto existe necessariamente uma terceira realidade que possibilita que o sujeito efetivamente veja. Ou seja, ainda que o sujeito possua perfeita capacidade visual e o objeto a ser visto seja grandioso e pintado com diversas cores, sem essa terceira realidade intermediária o primeiro não poderia ver, e o segundo não poderia ser visto. Essa terceira realidade é a luz.

É a luz que permite o "ver" e o "ser visto". É a luz que transformará a potência do "ver" (presente em quem possui a capacidade visual) em visão, assim como revelará o que há para ser visto. A luz, no entanto, não existe por si. Ela é "juros" de algo anterior, que Sócrates descreve como o Sol. Percebe-se a comparação direta realizada entre os "juros" do bem (luz) e o próprio bem (Sol). Como o próprio Sócrates "esclarece", a luz não se confunde com a visão do sujeito nem com o objeto visto; bem como o próprio Sol não poderá ser confundido com nenhuma dessas três realidades.

Esse exemplo aplicado ao mundo sensível (visão) é transportado por Platão ao mundo inteligível (razão). Se no plano sensível os "juros" do bem dão funcionalidade à visão e permite ao objeto ser visto, no plano inteligível ele dará funcionalidade à razão e permitirá o entendimento da essência, ou seja, da verdade incondicional de cada ente. Nas palavras de Sócrates[24]:

> Pois bem, o que transmite a verdade às coisas que conhecemos e nos dá o poder de conhecê-las é a essência do bem. Ora, se a essência do bem é a causa do conhecimento e da verdade, então ela também pode ser conhecida. E se você considera que o conhecimento e a verdade são belos, muito mais bela deve ser a causa deles. E assim como neste mundo sensível a luz e a visão são semelhantes ao Sol, mas não são o Sol, da mesma maneira, no mundo das essências, o conhecimento e a verdade são semelhantes ao bem, mas não são o bem, de modo que é preciso ter uma idéia muito mais elevada do que seja o bem.

Com isso, a realidade sensível e a realidade inteligível mostram-se distintas, contudo, ainda assim, possuem um ponto de inflexão comum, o bem. O bem torna o plano sensível realizável e o plano inteligível passivo de compreensão. Retomando o pensamento acerca do pensar e do agir filosófico, e de como este pode contribuir para a construção de uma realidade social mais próxima possível da cidade justa, pode-se entender melhor esse processo.

Para Platão o filósofo é fundamental porque o agir e o pensar filosoficamente acarreta a constante busca pela essência e pela verdade, e não pela aparência e pela opinião. A busca da essência e da verdade, contudo, só é possível

---

[24] PLATÃO, 2001, p. 79-80.

sob a égide do bem, que não vai se confundir com o filósofo ou com o objeto do questionamento deste, mas sim possibilitar que ambas sejam compreendidas.

Percebe-se, pelo exposto até este momento, que o bem é a ideia central do pensamento metafísico de Platão e a fundamentação da possibilidade de conhecer a verdade, praticar a justiça e do bem viver humano.

Não obstante a explicação oferecida por Sócrates a Glauco para revelar quão fundamental era o processo de formação do filósofo, para possibilitar que este exerça o governo em direção à cidade justa (ou em direção à vida justa, na perspectiva da alma humana), vale-se de uma ilustração que de tão marcante ganhou estatura comparável ao todo da obra: o mito da caverna.

Antes de discorrer sobre o mito da caverna, faz-se necessário destacar a função dessa figura dentro do ato filosófico de Platão. Como assinala Giovanni Reale[25], a utilização de mitos por Platão surge em função do pensar, e não como barreira a ele. Não existe, portanto, ao menos em Platão, a utilização de mito como forma de explicar a realidade por meio de alguma ferramenta que não a do pensar filosófico.

O pensar filosófico, dessa forma, em Platão, não é subordinado ao mito, mas sim catalisado por ele. A utilização das imagens descritas no mito objetiva potencializar a explicação do conceito abstrato, nas palavras de Giovanni Reale[26]:

> Se quiséssemos resumir com um mínimo denominador comum o que acabamos de explicar, poderíamos dizer que para o nosso filósofo, *falar por mitos* é um exprimir-se por imagens, o que permanece válido em vários níveis, *na medida em que pensamos não só por conceitos, mas também por Imagens*.

Como o mundo aferível pelos sentidos (mundo sensível), para Platão, é reflexo da essência, e não a própria essência, a utilização do mito colabora no mecanismo de identificação pelo pensar filosófico da verossimilhança existente entre o sensível (da imagem) e o inteligível (do "ser").

Sócrates narra a Glauco o mito da caverna. Nesse mito, um grupo de pessoas é aprisionado numa caverna, que em razão de um jogo de luz e sombras, é forçado a ver, desde sempre, as sombras projetadas no fundo daquela. Por nada terem visto além das sombras projetadas, todos do grupo creem que estas são reais, e aquele cenário é a realidade.

---

[25] REALE, Miguel. **Introdução à Filosofia**. 4. ed. São Paulo: Saraiva, 2002. p. 40-44.
[26] REALE, 1994, p. 44.

Em dado momento, contudo, um dos elementos do grupo consegue desvencilhar-se das correntes que o aprisionava e, uma vez liberto, sai da caverna e contempla, num misto de perplexidade e excitação, a realidade como de fato "é". Percebe que tudo que antes conhecia por real não passava de sombras deformadas. O conhecimento com que agora se depara revela nitidez, cores, aromas e luminosidade que nem ousara conhecer ou imaginar. A luz que inunda seus olhos, causando-lhe certa dor, deixando-o desorientado, aos poucos revela a real forma de tudo ao redor desse elemento.

Olhando para o céu, ele verifica que a luz tem uma origem, o Sol, e que este não só permite que tudo o que existe seja "realmente" visto quando exposto sob sua luz, mas também que tudo que existe só pode sê-lo, por sua causa, na medida em que integra-se às estações do ano, aquece os corpos e forja a vida.

Esse elemento do grupo, ex-prisioneiro de uma realidade em que acreditava, mas que de fato nunca existiu, ao lembrar-se de seus pares, faz o caminho de retorno à caverna. Ao voltar, novamente sentiu-se desorientado, dessa vez não pela luz, mas pela falta desta. Esse elemento, ao transmitir aos seus pares as maravilhas que havia presenciado e de como todos na caverna são prisioneiros, passa a ser ignorado e até mesmo hostilizado por aqueles. Contudo, tendo visto o que viu, tendo conhecido a realidade, esse retorno à caverna não é um ônus, mas uma necessidade daquele que conhece.

O mito da caverna, percebe-se, traz de forma sintética e figurativa (e não menos racional por causa disso) a estrutura central do ato filosófico revelado por Platão. Pode-se até questionar como as pessoas foram presas na caverna, quem as prendeu, ou como somente um elemento do grupo foi liberto. É possível, porém, depreender desse tipo de análise que essas questões não levam à essência do problema; na verdade a esconde. Seria como discutir qual das sombras seria a melhor. A questão proposta por Platão é a existência de dois planos, um sensível e outro inteligível, e como é o processo de conhecimento desse mundo inteligível. É nessa perspectiva que se legitimaria, para ele, o governo de filósofos para a construção da cidade justa.

No mito apresentado, assim como da República, o bem é o conceito central. Nas palavras de Sócrates[27]:

> Toda esta história, caro Glauco, aplicada ao que dissemos anteriormente, é uma comparação entre o que é visível aos olhos e o que se vê na caverna; entre a luz da fogueira que ilumina o interior da caverna e a força do Sol. É também uma

---
[27] PLATÃO, 2001, p. 87.

> comparação entre a subida ao mundo superior e a visão do que lá existe, e o caminho da alma em sua ascensão ao mundo inteligível. Se você fizer esta comparação, certamente saberá o que pretendi dizer com ela, ainda que só Deus saiba se tudo isso é verdade. Em todo o caso, o sentido da comparação é o seguinte: no mundo das realidades que podemos conhecer, a idéia do bem é a que se vê por último e a muito custo. Mas, uma vez avistada, compreende-se que ela é a causa de tudo o que há de justo e belo. Compreende-se que no mundo visível ela é geradora da luz do senhor da luz, e no mundo inteligível ela dá origem à verdade e à inteligência. Além disso, compreende-se que é preciso agir com sabedoria, tanto na vida particular quanto na pública.

Diante do exposto, tem-se o mito da caverna também como imagem do processo de formação do homem grego, da *paideia*[28]. Merece destaque, nesse sentido, a responsabilidade daquele que efetivamente "vê", qual seja, compartilhar seu conhecimento e educar de modo libertador para a ideia do bem. Quem contempla o Sol deve retornar à caverna.

Verifica-se que o bem é o elemento central do pensar filosófico de Platão, como resume Kuhn[29]:

> Para el hombre o, más exactamente, para el 'hombre interior', para su alma, el bien es tan fundamental como para el cosmos, pero en una forma singular. Su 'forma de bien' se desarrolla en virtudes como la templanza, la justicia y la sabiduría, y en forma perfecta en el conocimiento — decisivo para el hombre — del fundamento de todo ser, del bien precisamente. Pues así como el bien, según su estado, no se halla en el mismo nivel con los demás entes, del mismo modo el saber del bien se distingue también de todos los demás conceptos e instituciones espirituales.

Lembra-se, contudo, de que o entendimento no pensar filosófico é a busca da verdade, é a busca da essência. Por outro lado, Platão, na República, afirma que não revelará a essência do bem, mas sim seus "juros", como já apontado anteriormente. A essa aparente contradição, Giovanni Reale[30] indica nova possibilidade interpretativa. Esse autor identifica dois movimentos hermenêuticos quanto às revelações filosóficas de Platão: um ligado à autonomia dos escritos de Platão e outro ligados à tradição oral, ou indireta.

---

[28] WERNER, 1989, p. 599.
[29] KUHN, 1977, p. 203.
[30] REALE, 1994, p. 7 -20.

A primeira possibilidade hermenêutica teria como suporte três premissas: primeira, a capacidade de síntese e a própria forma com que Platão escrevia demonstra que suas ideias estão plenamente retratadas no texto; segunda, fato quase isolado entre os pensadores clássicos, todos os textos que são identificados como sendo de Platão resistiram materialmente ao transcorrer do tempo e gozam de fidedignidade; terceira, ao seu tempo, é resultado das duas anteriores, ou seja, da capacidade literária de Platão e da ausência de dúvida quanto à autenticidade dos textos que a ele são atribuídos. É possível, pois, depreender que nos textos está refletido o todo do pensamento do citado filósofo.

O pesquisador que se notabilizou na defesa dessa linha foi F.D. Schleiermacher, consolidando no século 19 uma estrutura de interpretação que se iniciara ainda no século 17.

Contrapondo-se à linha de interpretação acima indicada, tem-se a tradição oral, também chamada de tradição das doutrinas não escritas. Essa linha trabalha com um maior conjunto de dados a serem interpretados. Ao contrário da primeira, que busca todo o autor no texto, esta vê o texto como mais um elemento para estudo do autor (importante, sem dúvida, ainda assim, somente mais um).

Paradoxalmente a tradição oral tem como seu principal elemento de suporte os próprios textos de Platão; quando, em mais de uma oportunidade, o filósofo faz referência a conversas tidas anteriormente ao texto, ou ainda, quando revela que possui o conhecimento, mas não o revelará naquela ocasião. Sócrates[31], por exemplo, assim responde a Glauco, na *República*:

> *Glauco* — Por Zeus, caro Sócrates, para nós basta que você trate da questão da essência do bem do mesmo modo que tratou da justiça, da moderação e das virtudes.
>
> *Sócrates* — Caro amigo, para mim também bastaria, mas receio não ser capaz de ir tão longe sem me expor à zombaria dos outros. Por isso, amigos, proponho deixar de lado a questão da essência do bem, pois me parece muito elevada para o momento, mas, se vocês quiserem, disponho-me a tratar do que poderíamos chamar de filho do bem, que é muito parecido com ele. Se não quiserem deixemos isto de lado.
>
> *Glauco* — Vamos lá Sócrates! Fale agora do Filho e em outra ocasião nos pagará a dívida com relação ao pai.

---

[31] PLATÃO, 2001, p. 77.

Não obstante, Platão torna-se ainda mais explícito quanto à inadequação da escrita para a transmissão do conhecimento último, o da essência do bem. Na Carta VII, em sua obra *Fedro*, revela:

> Mas, não creio que um tratado escrito e uma comunicação sobre esses temas seja um benefício para os homens, a não ser para aqueles poucos capazes de encontrar a verdade sozinhos, com poucas indicações que lhes forem dadas, enquanto os outros se encheriam, alguns de um desprezo injusto e inconveniente, outros, ao contrário, de uma presunção soberba e vazia, convencidos de ter aprendido coisas magníficas.
>
> Portanto, todo homem sério evita escrever coisas sérias para não abandoná-las à aversão e à incapacidade de compreensão dos homens. Em suma, de tudo isto deve-se concluir que, ao vermos obras escritas de alguém, seja leis de legisladores ou escritos de outro tipo, as coisas escritas não eram para tal autor as mais sérias sendo ele sério, pois essas estarão depositadas na parte mais bela dele; ao contrário, se consigna por escrito aqueles pensamentos que são para ele verdadeiramente os mais sérios, 'então certamente' não os deuses, mas os mortais 'fizeram-no perder o juízo'.[32]

Existe ainda outro elemento de inegável importância: a Academia. Na escola fundada por Platão, o conhecimento era transmitido aos seus discípulos, sobretudo, de forma oral, fosse em debates ou conferências. Os registros desses discípulos também foram preservados durante a história formando o que se designa de "tradição indireta".

Verificada a diferença entre as duas possibilidades de entendimento dos escritos de Platão, restringir o filósofo aos textos que foram legados à atualidade, entre os quais se encontra a *República*, é diminuir-lhe. É ter nas palavras de Sócrates presentes na citada obra, não uma homenagem de seu discípulo ao seu mestre, e sim mera manobra de convencimento. Como consequência, deixa-se de ter um Platão filósofo, e o que isso representa, e passa-se a ter um Platão sofista, que é em tudo incompatível com o até agora apresentado.

É, pois, a tradição oral, as doutrinas não escritas, ou ainda a tradição indireta que revelará a essência do bem. Como já verificado no subcapítulo 2.1.2, o ato filosófico de Platão trabalha com dualidades, como o medo e a esperança (na fala de Céfalo no início da República), a verdade e a opinião, e ainda o inteligível e o sensível.

---

[32] *apud* REALE, 1994, p. 19.

Para cada coisa, portanto, existe a sua essência, aquilo que a torna reconhecível independentemente de qualquer fator contingente. Essa essência é a forma inteligível do corpo sensível. Desse modo, se há uma multiplicidade de coisas sensíveis, também haverá uma multiplicidade de suas essências e, por consequência, das respectivas formas inteligíveis.

Isso, contudo, não resolve a questão ora proposta de investigar a essência do bem, pois chegou-se a uma nova multiplicidade, ainda que mais perfeita que a anterior (sensível). Se na *República*, ao discorrer sobre os "juros" do bem, Platão o indicou somo sendo o elemento que possibilita a compreensão do inteligível, entende-se que o bem é um fator comum ao todo inteligível, que remete à unidade, e não á multiplicidade.

Em resumo, se o mundo sensível deriva do inteligível, este, ao se demonstrar também múltiplo, necessariamente derivará de um outro nível que lhe será superior. A metafísica de Platão possui, portanto, dois níveis, o das ideias e o dos primeiros princípios, dos quais as citadas ideias (formas inteligíveis) derivam. É nessa passagem que Giovanni Reale[33] traz importante indicação:

> Para os gregos, o problema metafísico por excelência é o seguinte: 'Por que há os muitos?', ou ainda, 'por que e como do *Uno* derivam os *muitos*?' E a novidade que Platão traz no nível da protologia reside justamente nessa tentativa de *'justificação' radical e última da multiplicidade em geral em função dos princípios do Uno e da Díade indefinida, e da sua estrutura bipolar.*

Com isso entende-se que as ideias derivam de um nível superior em absoluto, único, que remete à singularidade e nada pode haver acima dele. Nesse nível supremo, encontra-se o Uno e a Díade, ou seja, a essência da unidade, do limite, e a essência do ilimitado. A Díade é a essência do grande-e-pequeno, do muito-e-pouco, do largo-e-estreito, do profundo-e-raso, do maior-e-menor. Ela tende ao infinitamente grande e ao infinitamente pequeno. Em síntese, é a essência da multiplicidade indeterminada.[34]

Resgatando o conceito dos "juros" do bem, tem-se claro que ele permite o conhecimento da verdade, da essência inteligível do ser sensível. Se por meio desses "juros" a essência é inteligível, aquele será necessariamente superior a esta.

Contudo não se pode admitir o conhecimento de algo infinito. Por maior que seja o objeto que se dá a conhecer, o conhecimento da sua essência e da sua verdade só se dá na medida em que se verifica sua limitação.

---

[33] REALE, 1994, p. 86.
[34] REALE, 1994, p. 86-87.

Emerge, nessa perspectiva, a essência do bem. O bem "é" o Uno, ou seja, é o princípio superior que corresponde à essência da unidade e que limitará, que tornará finito, seu princípio superior oposto, qual seja, a Díade, a infinita multiplicidade. É nessa razão que o bem é superior ao "ser".[35]

As essências presentes nos seres sensíveis são, dessa forma, síntese do Uno e da Díade: são a unidade-na-multiplicidade. A busca da verdade é o reconhecimento dessa síntese. O bem como medida máxima de todas as coisas traduz-se, exatamente, em este ser a medida de tudo o que existe, e máxima, por nada haver de superior a ele. Nesse contexto é compreensível que Werner[36] reconheça em Platão o teólogo do mundo clássico.

Em resumo, a essência do bem é a unidade, é o Uno, e a ação do Uno ao delimitar a multiplicidade infinita, qual seja, a Díade, vai possibilitar o existir das essências, e ainda, o fato destas se tornarem inteligíveis.

O governo do filósofo na cidade reafirma-se, portanto, porque somente ele pode possuir o conhecimento do bem, ou seja, do Uno. Tendo esse conhecimento o filósofo como governante é capaz de identificar verdades, e não opiniões, e por conseguinte, realizar um governo justo. Com isso, pode agir de forma a possibilitar que todas as classes exerçam as funções que lhes são próprias, ou seja, suas respectivas virtudes, sem que com isso as demais tornem-se impossibilitadas de realizar o mesmo. Com isso a cidade se tornará sábia, corajosa, moderada e justa; o que corrobora o entendimento de Platão de que a justiça é um bem que vale por si e por seus efeitos.

No homem individual, incide o mesmo entendimento. A alma humana deve ser governada pela razão (filósofo), porque só por meio dela se pode entender o bem como unidade e, com isso, identificar as formas inteligíveis que pressupõem o mundo sensível. Não se tornando escravo de *sombras* como riqueza material ou poder, mas sim liberto para o conhecimento da verdade. Esse conhecimento possibilitará que o homem exerça plenamente as funções de sua alma sem que cada uma delas impeça ou tome o lugar das demais. Ele será um homem justo e, por consequência, incapaz de praticar a injustiça. A justiça revela-se, dessa maneira, um bem que vale por si e por seus efeitos, e ainda como elemento subjetivo que se realiza em sociedade.

A função pedagógica da cidade justa, como citada no início deste capítulo, consiste, assim, em possibilitar a formação de pessoas capazes de

---

[35] Além da tradição indireta, o modo como se consolida essa análise também pode ser depreendido de outras obras de Platão em conjunto com a *República*, são exemplos *Timeu* e *Fédon*.
[36] WERNER, 1989, p. 599.

pensar filosoficamente, de compreender a essência do bem e de submeter a essa compreensão seus pensamentos e atos na administração da cidade. Quando se entende, como já verificado, que na cultura ateniense não se vislumbrava a figura do cidadão fora da esfera pública, a degradação da cidade era entendida, antes, como a degradação daqueles responsáveis por sua gestão, os cidadãos. Dessa forma, o resgate da cidade (tendo em perspectiva a cidade justa) é um esforço de resgate dos cidadãos tendo como modelo o homem justo, o que só é possível com base na razão (virtude da alma), na justiça (fruto do exercício desta virtude) e no bem (que possibilita o existir e a compreensão de todo o ente sensível e inteligível).

Entende-se, pois, que a contribuição de Platão para o entendimento do bem comum dá-se na leitura própria do ato filosófico revelado por esse autor acerca da ideia de bem. O bem de Platão é o elemento-chave para existência e compreensão de todas as essências, sejam elas referentes aos entes sensíveis ou inteligíveis. Com isso, o bem de Platão é a unidade-na--multiplicidade, o reconhecimento do caráter comum que a tudo é inerente.

Essa qualificação metafísica do bem, que o justifica em si e por seus efeitos, possui dois efeitos muito concretos para a construção do conceito de bem comum: primeiro, o bem deve possibilitar o desenvolvimento de todas as funções da alma. Ou seja, o entendimento do bem deve levar ao pleno desenvolvimento do homem e suas potencialidades. Segundo: o bem, sendo metafísico, logo inteligível, não se esgotará, sob nenhuma hipótese, na perspectiva física ou sensível. Ou seja, riqueza e prosperidade material e domínio do poder, em si, não são sinônimos do bem revelado por Platão.

2.2 Ética a *Nicômaco* e *Política*: a contribuição de Aristóteles

Aristóteles, dentre todos aqueles que conviveram com Platão na Academia, é o que mais fortemente marcou o modo de pensar ocidental. A repercussão de seu ato filosófico continua sendo motivo de investigação. Podem-se verificar dois eixos que sustentam as suas teorias. A busca pela logicidade de suas proposições teóricas e a verificação fática, sempre que possível, dessas proposições.

A busca de Aristóteles pela compreensão racional e filosófica do universo sensível, para utilizar uma expressão de Platão, e das suas proposições teóricas para tanto é um elemento importante para entender as semelhanças e as divergências entre o primeiro e o segundo.

Como visto anteriormente, para Platão, o bem será a causa determinante da existência de todos os entes, sensíveis e inteligíveis, sendo a ambos superior. Na República de Platão, o bem é a origem. Na Ética, por outro lado, o bem será a finalidade. Isso significa que não será na origem, mas sim na finalidade que se dará a investigação filosófica do bem. Esse entendimento fundamental para a correta leitura do bem em Aristóteles surge logo no início da citada obra: "Toda arte e toda investigação, bem como toda ação e toda escolha, visam a um bem qualquer; e por isso foi dito, não sem razão, que o bem é aquilo a que as coisas tendem".[37] Nessa passagem vê-se que o bem é plural na medida em que a finalidade de cada ação, ou ser, é única em relação a si mesmo. Essa pluralidade, contudo, seria condicionada a algo maior e comum a todas as manifestações do bem individualizadas em seus entes.

Aristóteles identifica, assim como Platão já o fizera, que há bens que são válidos por si e bens que são válidos como ferramentas para atingir outros bens. Um exemplo para Aristóteles é o caso da saúde e da medicina. A saúde seria um "bem-final" e a medicina um "bem-meio" para atingi-la.

Dessa forma, por mais plural que sejam as manifestações do bem, ou ainda, das finalidades de cada ente, deve-se ter em horizonte um bem finalíssimo, sob pena de se ter uma derivação infinita, e, como verificou-se em Platão, a finitude, a limitação, é a condição para o conhecimento. Esse bem finalíssimo, ao qual tudo se destina, é o sumo bem de Aristóteles.

Esse filósofo identifica, pois, que o conhecimento desse sumo bem dar-se-á por meio de seus "bens-meios", ou seja, por meio do conhecimento das ciências que tenham esse sumo bem como objeto. O sumo bem, dessa forma, será o máximo conhecimento e deverá ser objeto da máxima ciência. Para tanto, é necessária uma ciência que se utilize de todas as outras para sua realização, mas que nenhuma delas possa daquela utilizar-se. Aristóteles entende que essa ciência máxima é a política, uma vez que a política tem suas ferramentas de atuação em todas as ciências, sendo, logo, superior às outras.

Trabalhando com uma perspectiva do bem como fim último, ou seja, como ponto de partida, e não como ponto de origem, Aristóteles de maneira quase artística identifica que o objeto da ciência política será o sumo bem, ou seja, a finalidade última e comum de todos os homens. Nas palavras do filósofo:

---

[37] ARISTÓTELES. **Ética a Nicômaco**. Tradução de Pietro Nassetti. São Paulo: Editora Martin Claret, 2003. p. 17.

> Visto que a ciência política utiliza as demais ciências e, ainda, legisla sobre o que devemos fazer e sobre o que devemos nos abster, a finalidade dessa ciência deve necessariamente abranger a finalidade das outras, de maneira que essa finalidade deverá ser o bem humano. Ainda que esse fim seja o mesmo para o indivíduo e para a cidade-Estado, o fim desta última parece ser algo maior e mais completo, seja a atingir, seja a preservar e embora seja desejável atingir esse fim para um indivíduo só, é mais nobre e mais divino alcançá-lo para uma nação ou para as cidades-Estados.[38]

Do acima exposto, é possível depreender três pontos importantes: a finalidade, a ciência política e a realização. Quando Aristóteles opera o bem como finalidade, ele realiza uma inversão quanto ao conteúdo deste. Isso se dá na medida em que a finalidade somente pode existir no plano sensível. Como foi verificado, em Platão, o mundo inteligível, das essências, são ideias superiores e que dão origem ao sensível. Estando o bem na origem, para Platão, necessariamente, ele não pode ser perfeitamente realizado no plano sensível. Dessa maneira, o entendimento do bem inteligível é válido na perspectiva em que liberta o sujeito das sombras imperfeitas do mundo sensível e o projeta rumo a uma verdade que no mundo concreto não existe, mas o define.

Com Aristóteles, por outro lado, este bem poderá ser encontrado por meio da investigação do mundo sensível, isso porque está presente na finalidade do ser. A identificação da ciência política e da importância desta na realização do bem, seja para um indivíduo, seja para uma cidade-Estado, deixa nítida a busca pela aplicabilidade concreta do conhecimento perseguido.

> Talvez seja melhor considerar o bem universal e discutir mais profundamente o que se entende por isso, embora tal investigação se torne difícil pela amizade que nos une àqueles que introduziram as Idéias na filosofia. Contudo, talvez seja melhor, e até mesmo nosso dever, sacrificar o que mais de perto nos toca, no interesse da verdade, principalmente por sermos filósofos, porque, embora ambos nos sejam caros, a piedade exige darmos primazia à verdade.[39]

Nessa passagem Aristóteles pontua, definitivamente, a divergência de pensamento entre o seu entendimento e o de seu mestre Platão. Essa crítica do bem inteligível que ao mesmo tempo é um ser próprio (Sol), e que

---

[38] *Ibidem*, p. 18.
[39] *Ibidem*, p. 22.

revela e dá inteligibilidade às essências (luz), existe porque não seria viável um bem que seja uma unidade-na-multiplicidade. Considera-se, inclusive, que Aristóteles inaugura a "linguística" na filosofia ao revelar que a unicidade do bem é a obscuração dos seus possíveis conteúdos semânticos. Nas palavras de Kuhn[40]:

> Quien habla del bien como de una unidad demonstrable, pasa por alto la multiplicidad de las significaciones expresadas en dicha palabra. En efecto, ésta se usa bajo diversas categorías: a veces bajo la categoría de la substancia como 'el Dios' o 'e'espíritu', dos ejemplos elegidos com clara alusión a las identificaciones platónicas; otras veces bajo la categoría de la cualidad, p. ej., com relación a las virtudes: en otros casos bajo la categoría de la cantidad, como lo sometido a 'medida', o bajo la categoría de la relación, como 'lo útil'; o finalmente con relación al recto cuándo y dónde. La referencia a la multiplicidad de significación categorial se agudiza todavía por la reflexión de que a lo bueno como 'entidad' le corresponde la prioridad frente al bien como cualidad, o sea, em el uso predicativo. Com ello el concepto de bien pierde su pretensión de unidad y universalidad.

A preocupação de Aristóteles, logo, é com a identificação de um bem que seja concreto, humanamente realizável e atingível. Conclui essa necessidade afirmando: "De fato, o médico nem sequer parece estudar a saúde em si, e sim a saúde do homem ou, antes, talvez seja mais exato dizer a saúde de um indivíduo particular, visto que são indivíduos que ele trata".[41]

Visualizada a pluralidade de bens, e não sua unicidade, o filósofo indicou que um sumo bem, ou seja, um bem que fosse um fim último em si, e não meio para atingir os outros bens considerados superiores, deveria ser objeto de uma ciência também máxima, ou ainda uma ciência que tivesse todas as demais como ferramentas de sua realização, no caso, a ciência política. Foi verificado também, como há pouco indicado, que esse sumo bem deve ser humanamente realizável, pois sua identificação e descoberta está na finalidade das ações e na existência de cada ser, e não em sua origem. Nesse contexto Aristóteles identifica a felicidade como sendo o sumo bem humano.

Aquela o seria na medida em que cumpre a condição de finalidade última, e nunca de meio para outra. Ser feliz é o bem final, é a finalidade comum, à qual aspiram todos os homens. Ninguém vive na busca da infe-

---
[40] KUHN, 1977, p. 204.
[41] ARISTÓTELES, op. cit., p. 25.

licidade, isso seria certo. O questionamento surge, contudo, na determinação de qual seria o conteúdo da felicidade. É possível um único modelo de felicidade para todos os homens? Ou seria a felicidade, definitivamente, uma questão individual da qual não se pode estabelecer nenhum padrão?

Para investigar essa questão, o filósofo nos remete, mais uma vez, ao entendimento particular que este detém do bem. Sendo o bem a finalidade e não a origem do ser, e lembrando-se do seu perfil plural, haverá bens próprios de cada indivíduo. Cada ser possui um bem próprio, logo uma finalidade própria. Essa finalidade própria, contudo, somente será conhecida na medida em que o ser a realiza, ou ainda na medida em que exerce sua função.

Sendo o bem a finalidade própria de cada ser, a função que o realizará também será própria de cada ser. Com isso a investigação do conteúdo da felicidade como sendo o sumo bem humano será possível somente na medida em que se identifique qual é a função própria do homem, ou seja, qual o exercício ou ação que somente o homem é capaz de realizar.

Aristóteles identifica o exercício da razão como a função própria do homem. A diferença presente entre um "homem" e um "bom homem" não se dá no exercício ou não da razão, e sim na perspectiva de quão nobre ou elevado é o seu exercício, nas palavras daquele: "se de fato é assim, repetimos, o bem vem a ser a atividade da alma em consonância com a virtude e, se há mais de uma virtude, em consonância com a melhor e mais completa entre elas".[42]

Essa passagem é fundamental porque funde o exercício da razão a um conteúdo valorativo, ou seja, assim como num primeiro momento marcou-se um lastro entre a ciência política e o sumo bem humano, qual seja, a felicidade, agora se entrelaça a razão à virtude, e, com isso, negam-se relativismos que, não raro, procuram identificar traços de "genialidade" nas ações daqueles que não contribuíram com a causa humana. O exercício da razão, por si, não é indicativo de que se está construindo o caminho do sumo bem humano. A razão é filosoficamente válida quando exercida de forma virtuosa, na perspectiva dos valores que assim podem ser definidos.

O exercício em direção ao bem é fundamental, como indica Aristóteles:

> Também nossa concepção se harmoniza com a dos que identificam a felicidade com a virtude em geral ou com alguma virtude particular, pois a felicidade é a atividade conforme à virtude. Mas há uma diferença — e não pequena — em concebermos o sumo bem como posse ou exercício, ou de outro

---

[42] ARISTÓTELES, 2003, p. 27.

> lado, como estado de ânimo ou atividade, pois pode existir o estado de ânimo sem produzir qualquer bom resultado, como no caso de um homem que dorme ou que permanece inativo por algum motivo; mas não pode acontecer assim com a atividade virtuosa; essa deve necessariamente agir, e agir bem. E do mesmo modo como nos Jogos Olímpicos não são os homens mais belos e os mais fortes que conquistam a coroa, mas os que competem (pois é no meio destes que surgirão os vencedores), assim também as coisas nobres e boas da vida só são conquistadas pelos que agem retamente.[43]

O sumo bem do homem (felicidade) será objeto próprio da ciência mais elevada (política), constituindo-se a finalidade última do exercício concreto da função própria do homem (razão) de acordo com a virtude humanamente realizável e/ou exigível. Tendo-se, pois, que o conteúdo da felicidade é o exercício concreto e virtuoso da razão, que terá por fim o sumo bem, é preciso investigar qual é o conteúdo daquilo que se entende por virtude.

Nessa perspectiva Aristóteles identifica na alma humana três distintos campos: o da paixão, o da faculdade e o da disposição. O campo da paixão está ligado aos sentimentos que correspondem a alguma forma de prazer ou sofrimento (amor, ódio, cólera e desejo). Já o campo da faculdade representa a capacidade de vivenciar os sentimentos ligados à paixão (compadecer-se e o encolerizar-se). Por fim, tem-se o campo da disposição, o qual apresenta os elementos de referência segundo os quais a ação será considerada boa ou má, como quem sente alguns dos sentimentos ligados à paixão de forma moderada estará em boa posição em face daqueles que os sentem de forma extremada.

O filósofo considera a virtude uma disposição, porque é por meio dela que se estabelecerá se o agir é bom ou mau. Todos os homens teriam, em suas almas, as faculdades necessárias para vivenciar todos os sentimentos ligados ao campo da paixão: do ódio ao amor, do medo à coragem. Por conseguinte, esses sentimentos podem ter influência direta sobre a conduta humana. Importante, porém, é destacar que a paixão, ou a faculdade para tanto, não é objeto, por si, de reprovação ou análise valorativa. Somente o será na medida em que se concretizar, por meio de ações, em face de uma disposição, ou, em outras palavras, em face de um elemento que será referência para uma avaliação positiva ou negativa da ação.

A virtude, diante do exposto, é uma disposição, pois ela é a referência para o posicionamento do homem em face dos sentimentos próprios da

---

[43] *Ibidem*, p. 29.

paixão, sejam eles de prazer ou de dor. Se o posicionamento do homem, dessa forma, ao agir racionalmente diante de suas paixões for bom, sua ação terá sido virtuosa. E, como já verificado, o exercício virtuoso da função própria do homem é o conteúdo da felicidade no pensamento aristotélico. Constata-se, por outro lado, que qualquer ação, ainda que racional, que não seja exercida de forma virtuosa não gerará sob nenhuma hipótese a felicidade descrita por esse filósofo.

Fica evidente a importância da virtude como elemento necessário à felicidade; ainda assim, contudo, é necessário determiná-la de forma ainda mais específica. Tê-la como referencial para um posicionamento humano, afinal, sem esclarecer seu conteúdo, é negar-lhe a aplicabilidade e a sua observação pelos homens.

Quando o filósofo afirma que a virtude é um referencial para o posicionamento do agir humano diante de suas paixões, sejam elas próprias do prazer ou da dor, dessa passagem depreendem-se dois elementos importantes: o agir concretamente e as paixões. Todos os homens vivenciam, ou são capazes de vivenciar, os sentimentos próprios da paixão. Esta, portanto, é um elemento perene. Já a ação concreta é influenciada por uma série de elementos contingentes exteriores ao homem. Logo, o posicionamento virtuoso será exercido em face das paixões humanas contextualizadas, e diante da realidade na qual se concretizará o agir do homem.

Considerando-se que as paixões são sentimentos relativos à dor e ao prazer, seus sentimentos próprios também poderão ser exercidos de forma extremada, seja na falta, seja no excesso. Tendo-se a possibilidade do excesso e da falta, tem-se também a possibilidade do meio-termo. Assim, por exemplo, existiria o excesso de desejo, o meio-termo do desejo e a falta de desejo. Não se deve esquecer, porém, que essa reflexão trata do posicionamento humano diante da paixão, e não do objeto. Dessa maneira o excesso, o meio-termo e a falta o serão em relação ao agente, e não ao objeto da ação.

Aristóteles ilustra essa passagem ao indicar que nas obras-primas nada há a corrigir[44], ou seja, nada há a acrescentar ou extrair. Com isso, ficaria evidente que o excesso, ou a falta, não possibilitam a perfeição. A perfeição existe somente no meio-termo, quando nada existe, ou é exercido, em falta ou excesso.

Com esse raciocínio, vislumbra-se que o conteúdo da virtude é o meio-termo da paixão no agir racional humano. Nas palavras do filósofo:

---
[44] ARISTÓTELES, 2003, p. 48.

"Por conseguinte, a virtude é uma espécie de mediana já que, como vimos, o seu alvo é o meio-termo".[45]

A virtude para ele, portanto, é digna de louvor exatamente por representar esse equilíbrio. Não se trata de uma qualidade a ser perseguida nos extremos, do excesso ou da falta da personalidade humana, mas sim na exatidão de uma mediana. A exatidão do meio-termo é o conteúdo e, ao mesmo tempo, o extremo da virtude. A justificativa, para tanto, é quase matemática. Qual seja, há infinitas possibilidades de erro, seja pelo excesso, seja pela falta. A correção, no entanto, será única.[46] O filósofo assim explana a virtude como meio-termo:

> A virtude é, então, uma disposição de caráter relacionada com a escolha de ações e paixões, e consistente numa mediana, isto é, a mediana relativa a nós *(homens)*, que é determinada por um princípio racional próprio do homem dotado de sabedoria prática. É um meio-termo entre dois vícios, um por excesso e outro por falta, pois nos vícios ou há falta ou há excesso daquilo que é conveniente no que concerne às ações e às paixões, ao passo que a virtude é uma mediana, porém com referência ao sumo bem e ao mais justo, ela é um extremo.[47]

Reconhecendo que a virtude se encontra como uma disposição na alma humana, e que por isso o posicionamento do agente diante dela qualificará ação como boa, ou não; também será no campo da disposição que se estabelecerá o contrário da virtude, qual seja, o vício.

---

[45] ARISTÓTELES, 2003, p. 48.

[46] Nas palavras de Aristóteles (2003, p. 49): "Por outro lado, é possível errar de várias maneiras (pois o mal pertence à classe do ilimitado e o bem à do limitado, conforme os pitagóricos imaginaram), enquanto só é possível acertar de uma maneira".
É interessante destacar que os atos filosóficos dos pitagóricos exerceram forte influência sobre Platão e, como se vê, essa influência chegou ao pensamento do Estagirita. Pitágoras era considerado pelos gregos não só matemático, mas também político e místico. A matemática e a redução do universo aos números, como esse filósofo apregoava, deixa evidente o perfil qualitativo e não quantitativo deste. Nas palavras de Werner (1989, p. 141): "Aristóteles critica a sua concepção qualitativa do que é puramente quantitativo. À primeira vista isto parece simples. Encerra, no entanto, uma observação justa: a de que o conceito de números dos Gregos continha originalmente aquele elemento qualitativo, e só gradualmente se atingiu a abstração do puramente quantitativo".
Nessa perspectiva pode-se interpretar que o perfil infinito do mal se dá na medida em que este é o afastamento do ser da função que lhe é própria, pois seu bem será necessariamente único, qual seja, o exato exercício da função que lhe é própria. Esse raciocínio encontra-se tanto em Platão quanto em Aristóteles; contudo o bem do primeiro encontra-se na origem, e o do segundo, na finalidade do ser. Usando a matemática, por exemplo, na soma 2+2 somente o algarismo 4 representará a correção da situação proposta, nenhum outro algarismo menor (falta) ou maior (excesso) tornará válida a proposição. O 4 será o meio-termo axiológico entre a falta (0, 1, 2 e 3) e o excesso (5, 6, 7 etc.) Contudo essa mediana entre o excesso e a falta, logo exatidão, é a excelência, pois torna verdadeiro o resultado da soma.

[47] ARISTÓTELES, 2003, p. 49.

O vício, como contrário da virtude, encerrará ações não virtuosas. Se a virtude tem como consequência o bem, o seu oposto terá como consequência o mal. Sendo a virtude a ação mediana diante das paixões, o vício será a ação extremada diante das paixões, seja no extremo excesso, seja na extrema falta. O vício será a ausência da virtude diante dos excessos, ou faltas, das paixões. A moderação será a virtude, a não moderação será o vício. A questão central é a verificação de que tanto o vício quanto a virtude pairam sobre o homem, mas é este, por seus atos, que configurará o exercício excelente de sua função própria, e, por conseguinte, de seu sumo bem: a felicidade.

A ética em Aristóteles é uma filosofia prática destinada a auxiliar o homem em suas ações, de modo a possibilitar a felicidade humanamente realizável. É evidente, porém, que o homem não realiza somente uma ação em vida, mas sim incontáveis ações. Nessa perspectiva a ética, enquanto alicerce para a realização excelente da função própria do homem, deverá, por certo, ser realizada cotidianamente. A felicidade humana revela-se, pois, como fruto de um processo ético. Nas palavras de Chauí[48]:

> O bem ético pertence ao gênero da vida excelente e a felicidade é a vida plenamente realizada em sua excelência máxima. Por isso não é alcançável imediata nem definitivamente, mas é um exercício cotidiano que a alma realiza durante toda a vida. A felicidade é, pois, a atualização das potências da alma humana de acordo com sua excelência mais completa, a racionalidade. Por ser uma atividade conforme à virtude ou à excelência, não é uma posse ou uma maneira de ser conseguidas de uma vez por todas, mas um agir que dura a vida inteira.

Quanto à "processualidade" da ética de Aristóteles, é possível estabelecer elemento de conexão com o ato filosófico de Platão. É interessante a percepção de que a formação do filósofo, ou ainda a mutação na consciência daquele que deixa as sombras da caverna e atinge a iluminação do conhecimento do bem, tenha em comum com a felicidade do indivíduo a regularidade de sua prática. Fosse apresentada a Platão a definição de felicidade revelada por Aristóteles, embora o diferente entendimento que ambos tinham da ideia do bem, possivelmente o primeiro indicara que somente o filósofo poderia ser feliz. Pois o exercício harmônico das funções alma sob a égide da razão remete, ainda que indiretamente, à moderação.

---

[48] CHAUÍ, 2002, p. 442.

Por outro lado, também é crível que Aristóteles reconhecesse no filósofo o agente mais próximo de uma agir cotidiano ético, o humano mais próximo à realização da felicidade, portanto.

Reconhecendo a ética como prática filosófica, ratifica-se a virtude como disposição e, por conseguinte, sua ligação ao agir racionalmente. Esse agir, ao seu turno, encerra uma decisão em favor da ação a ser realizada. Assim, a ação para ser valorada como virtuosa, ou não, pressupõe a voluntariedade. Sem liberdade, não há voluntariedade e, por consequência, não há possibilidade de decisão, e sem esta, por fim, não há a possibilidade da ação virtuosa. É necessário ressaltar que a liberdade indicada por Aristóteles é física e filosófica. O agente deve ser livre da ignorância, da coação moral e da fragilidade material. Logo, a ação materializa-se por meio de uma escolha.

Essa colocação demarca importante diferença entre o desejo e a escolha. O desejo pertence ao campo da paixão, não tem lastro, por si, com a virtude. Pois é tendência, sentimento, relacionado a elementos externos ou internos do agente. Já a escolha está ligada à virtude por ser o instrumento para a consecução do objeto da ação. Com isso, pode-se desejar o impossível, contudo somente o possível é objeto de escolha.[49]

Aristóteles identifica o desejo, ainda, com o fim a ser alcançado, pois essa finalidade, per si, não depende do agente; já a escolha é revelada por ele como resultado da eleição dos meios, para se atingir por esforço próprio, o fim desejado. A escolha, dessa forma, resulta de uma deliberação acerca do meio que, diante das contingências apresentadas, mostra-se mais adequado para a realização da finalidade pretendida.

O resultado da reflexão, em face da virtude, do que é desejo e do que é escolha, é fundamental. Como verificado, o bem de Aristóteles é o fim último, é uma finalidade excelente e superior a todas as demais, cuja realização dá-se por meio do exercício virtuoso da função própria do homem. Se essa finalidade última se realiza por uma função própria do ser, este não poderá deliberar sobre ela, na medida em que tal finalidade é a mais excelente e elevada dentre todas. Logo, a deliberação é sobre o meio de ação, e o desejo liga-se à finalidade a ser atingida.

Como consequência tem-se a composição de um sistema para a realização de uma ação virtuosa. Pois estando a escolha, e todo o processo acima indicado, ligada à realização concreta da virtude, é possível entender que a virtude tem início na escolha e perfectibiliza-se na ação.

---

[49] ARISTÓTELES, 2003, p. 60.

2.2.1 A justiça como virtude

Do exposto até o momento, depreende-se que a ética não é um atributo do indivíduo, mas sim da ação. Ninguém tem a ética como atributo constatável de forma simples e direta como as medidas de seu corpo, ou a cor dos seus olhos. O agir ético é um posicionamento de caráter cotidiano na escolha dos meios, e na execução destes, para a realização do sumo bem humano: a felicidade.

Dessa forma evidencia-se que a virtude, referencial para a configuração da ação ética, não será uma só; ao contrário, será plural na perspectiva das escolhas e vícios que se fizerem presentes.

A virtude, como visto, é uma mediana entre dois vícios: um por falta, outro por excesso. Paradoxalmente, ao contrário do que pode parecer à primeira vista, a virtude não será, em Aristóteles, definida pelo bem, mas sim pelos vícios de falta e de excesso que se fizerem possíveis em determinada ação.

Com isso o filósofo passa à análise de algumas espécies de virtude. A coragem é a mediana entre a temeridade (vício por excesso) e a covardia (vício por falta). A liberalidade é a mediana entre o pródigo (vício por excesso) e o avaro (vício por falta), ou ainda a magnificência é a mediana entre o vulgar (vício por excesso) e a mesquinhez (vício por falta).

Nessa dinâmica de vícios opostos por excesso e pela falta, tendo a virtude por mediana, como se pode localizar uma disposição de caráter como a justiça? Interroga Aristóteles: entre quais vícios poderia a justiça estar localizada? Existiria um excesso de justiça? Ou ainda, uma justiça em falta, escassa, pode ainda assim ser justa?

O filósofo enfrenta essas indagações partindo da seguinte premissa: quem observa a justiça realiza atos justos, quem se rende à injustiça comete atos injustos. Ocorre, contudo, que a prática de ato justo ou injusto se dá necessariamente em relação ao próximo. Enquanto outras virtudes podem ser exercidas de modo individual, a justiça terá por base a relação em sociedade. A prática de ato justo de alguém, para consigo mesmo, na perspectiva indicada por Aristóteles não seria possível.

Nessa perspectiva a justiça revela-se como uma virtude ligada não à polaridade de vícios, mas sim à lei, sendo que a observância da lei garantiria a prática de atos justos, e sua não observância teria por consequência a prática de atos injustos. Em síntese, a justiça é uma virtude que não se caracteriza como mediana entre vícios, mas sim pela prática ou não de atos justos, decorrentes da observância ou não da lei.

A lei é a referência fundamental da justiça em Aristóteles porque no pensamento deste ela sintetiza uma vantagem comum. É preciso resgatar, neste momento, a dimensão que aquele dá à ciência política. Para esse filósofo, a ciência política é a mais elevada ciência, pois todas as demais seriam meio para a realização do objeto desta. Por consequência, o objeto dessa ciência máxima deve também ser máximo, ou seja, é um bem finalíssimo que a nenhum outro serve como meio: a felicidade humanamente realizável, a qual, por sua vez, caracteriza-se pelo exercício virtuoso da razão.

A lei como elemento fundamental da sociedade política, nesse contexto, será sustentada e corroborada pelos atos que a observam (atos justos), permitindo, com isso, a realização da felicidade humanamente possível (a qual só ocorre na sociedade política) não somente para si, mas também para os demais.[50]

Dessa forma a justiça será uma virtude e, portanto, também será uma disposição da alma. O conteúdo dessa espécie de virtude, entretanto, é diferente dos demais na medida em que é realizado, necessariamente, também com reflexos coletivos. Nas palavras do filósofo:

> Com efeito, a justiça é a virtude completa no mais próprio e pleno sentido do termo, porque é o exercício atual da virtude completa. Ela é completa porque a pessoa que a possui pode exercer sua virtude não só em relação a si mesmo, como também em relação ao próximo, uma vez que muitos homens exercem sua virtude nos assuntos privados, almas não em suas relações com outras pessoas.[51]

Identificada a leitura que Aristóteles realiza da justiça[52], é possível, mais uma vez, identificar pontos de aproximação entre sua revelação filosófica e a de Platão. Ambos os filósofos trabalham a justiça como sendo um referencial máximo. Para Platão a justiça é um valor em si porque decorre da realização de todas as funções da alma, sob a égide da razão. Como consequência desse "governo" da razão, as funções da alma realizar-se-iam sem que uma afetasse o desempenho e a concretização dos bens próprios das demais. Já para Aristóteles, como acima indicado, a justiça é uma virtude plena porque é realizada não somente para o agente, mas também junto ao próximo.

---

[50] Essa relação entre sociedade e felicidade será mais bem compreendida na obra *Política*, de Aristóteles.
[51] ARISTÓTELES, 2003, p. 105.
[52] Na obra, o autor trabalha, ainda, a justiça distributiva e corretiva. Dado o objeto da pesquisa ora realizada, entende-se que o fundamental é a definição da justiça como virtude completa, razão pela qual as espécies de justiça não serão trabalhadas no presente texto.

É importante perceber que tanto para Platão, como para Aristóteles, ainda que ambos trabalhem a ideia do bem em perspectivas diferentes, a justiça será elemento de construção de harmonia e cooperação. Em Platão, entre as funções da alma (universo interior); em Aristóteles, nas relações intersubjetivas (universo exterior).

Quando Platão trabalha o mito da caverna, por exemplo, o liberto que pôde vislumbrar a realidade de fato retorna à caverna e, mesmo sob todos os riscos, compartilha desse conhecimento. O filósofo não conhece para si, mas para o próximo; assim como a razão (a mais elevada função da alma) não conhece para si, mas para o exercício harmônico das suas funções. Essa leitura também é possível em Aristóteles, pois a justiça (a mais elevada virtude) também não se realiza para si, mas em função do próximo.

O bem, para ambos os filósofos, portanto, comporta em sua estrutura sua realização em face do próximo.

2.2.2 O prazer e o sumo bem

O estudo da ética, como filosofia prática para a realização do sumo bem humano, precisa enfrentar outro elemento caro ao homem: a busca do prazer. Esse desejo generalizado não raramente é confundido com o a felicidade em si, na medida em que sua busca também seria uma constante no agir humano. A contribuição de Aristóteles surge na não aceitação do prazer como conteúdo da felicidade total.

O filósofo reconhece que existem diferentes entendimentos da relação entre o prazer e o bem, os quais poderiam ser reunidos em três eixos. No primeiro entende-se que o prazer é um bem, mas que estes não são iguais. Já no segundo, entende-se que alguns prazeres são bons, contudo existem outros que são maus. No terceiro, entende-se que, ainda que todo e qualquer prazer seja bom, ele não corresponderá à integralidade do sumo bem.

O filósofo identifica que o mal causa dor ou sofrimento. Como o bem é contrário ao mal, seus efeitos também serão contrários, ou seja, o bem produzirá prazer. É nessa perspectiva que existe a efetiva aproximação entre bem e prazer, e por ela também se pode compreender o desejo generalizado dos homens por esses elementos.

Para Aristóteles, contudo, o mal pode ser analisado em si (de modo absoluto), ou por seu efeito (modo relativo). Nessa perspectiva o mal pode ser entendido também como aquilo que se afasta do bem. Como já observado, o bem é a finalidade do ser, logo pode ser considerado mau qualquer elemento que impossibilite o exercício da finalidade (bem) de cada ser. Com isso a felicidade apresenta-se como sumo bem humano na medida em que é a finalidade última em função da qual todas as demais são exercidas. Realizando síntese desses elementos, pode-se entender que o mal é elemento, valor ou conduta que impossibilita a realização do sumo bem humano, qual seja, a felicidade, a qual é realizada por meio do exercício virtuoso da razão; logo, o mal é o elemento que impossibilita a felicidade como bem humanamente realizável.

É nesse sentido que deve ser lido o discurso de Aristóteles quanto a uma gradação de prazeres bons ou maus. Tem-se, assim, que o sumo bem deve corresponder a algum tipo de prazer na medida em que este corresponde à felicidade e esta, por definição, não remete à dor ou sofrimento.

> Por isso todas as pessoas pensam que a vida feliz deve ser agradável e introduzem o prazer no seu ideal de felicidade — e aliás, não sem razão, uma vez que nenhuma atividade é perfeita quando impedida, e a felicidade é uma atividade perfeita. E por isso que o homem feliz necessita dos bens do corpo e dos bens exteriores, ou seja, os da fortuna, para não ser obstado nestes campos. As pessoas que dizem que o homem que é torturado no cavalete, ou que o homem que sofre grandes infortúnios é feliz se for bom, estão dizendo um disparate, quer falem a sério ou estejam brincando.[53]

Essa passagem revela outro dado importante na relação entre o prazer e o bem. Como verificado, a atenção de Aristóteles é destinada, nessa obra, ao mundo sensível, à realidade concreta, ao bem humanamente realizável. Não se trabalha aqui com a ideia de homem (como se vê em Platão), mas com o homem natural e as suas naturais necessidades. Nessa pequena passagem, Aristóteles já aponta para a integralidade do ser; o homem é sua finalidade e sua matéria. Ambas, portanto, são necessárias para a consecução da felicidade. Dessa forma dá-se lastro ao exercício virtuoso da razão, o qual não é plenamente possível sob condições de jugo moral ou físico.

Pode-se identificar aqui mais um momento de aproximação de Platão e Aristóteles, na medida em que a liberdade do homem é fundamental para a concretização do bem. Em Platão, a libertação (plástica e poética) dava-se com o desvencilhamento das correntes e ascensão à luz; já em Aristóteles, esta se estabelece como as condições materiais e morais necessárias ao exercício virtuoso da razão — por exemplo, ter acesso à alimentação e ser liberto de opressões.

---

[53] ARISTÓTELES, 2003, p. 168.

A despeito de existirem prazeres bons e maus, dentro das ideias apresentadas, Aristóteles advoga que existem prazeres de diferentes em espécies. O prazer de ser aprovado em um difícil processo de seleção, assim, não guarda relação com o prazer proporcionado por um bom vinho. Um refere-se a um elemento subjetivo; o outro, aos sentidos corpóreos. Ou ainda, o prazer de estudar e aprender não guarda relação com o prazer sensorial. Dessa forma, pode-se ter prazeres corpóreos e prazeres contemplativos.

Noutra perspectiva, mas continuando no estudo da relação entre bem e prazer, Aristóteles identifica o prazer com um ato e o sumo bem com um processo. Entende, para tanto, que todo elemento, dado da realidade ou circunstância, capaz de proporcionar prazer, independentemente da espécie, é um todo completo. Não teria, pois, dilação temporal. O prazer é completo, não é menor ou maior pelo tempo de sua duração: o prazer gustativo proporcionado por uma saborosa sopa não dependerá da quantidade consumida.

É evidente que o prazer não se estabelece de forma instantânea; contudo, quando o filósofo indica sua completude e não dilação temporal, ele aponta em verdade para o fato de que os atos ou circunstâncias que compõem o "elemento prazer" são, quando analisados em separado, incompletos. Nesse sentido afirma:

> Se recomeçarmos a examinar a questão desde o início, veremos com mais clareza o que seja o prazer e quais são as suas qualidades. O ato de ver parece ser completo em todos os momentos, pois não lhe falta nada que, surgindo depois, venha a lhe completar a forma; e parece que o prazer também seja dessa natureza, pois ele é um todo, e nunca se poderá encontrar um prazer cuja forma seja completada pelo seu prolongamento.[54]

Adiante completa:

> Mas a forma do prazer é completa em todo e qualquer momento. É evidente, então, que o prazer e o movimento são diferentes um do outro, e o prazer deve ser uma das coisas que são inteiras e completas. Igualmente isso é indicado pelo fato de não ser possível o movimento ocorrer senão dentro do tempo, mas sentir prazer, sim, pois cada momento de prazer é um todo completo.[55]

---

[54] *Ibidem*, p. 221.
[55] *Ibidem*, p. 222.

O prazer, dessa forma, está definitivamente ligado ao que é completo e à atividade. Para o filósofo toda função é ativa em relação ao objeto que lhe é próprio. Quando a função é exercida sobre um objeto que lhe é próprio, ela terá sido exercida de maneira louvável. Assim quanto maior é a capacidade de exercer a função, melhor esta poderá "incidir" sobre seu objeto. Se a capacidade de exercício da função for plena, e ainda, se o objeto dessa função for o melhor possível, tem-se, segundo Aristóteles, um exercício ainda mais digno de louvor. Isso porque esse exercício da função será mais agradável e, portanto, gerará prazer.

Aristóteles, dessa forma, demonstra que o prazer é completo, contudo está ligado ao exercício de funções ou atividades. O prazer passa a ser, dessa forma, o corolário da atividade que a torna completa e digna de louvor. O prazer da leitura, por exemplo, não vem do simples fato de ler — exige algo mais, tanto do leitor quanto dos escritores. Ler é bom. Ter prazer ao ler é louvável.

O filósofo consegue, dessa forma, demonstrar três elementos fundamentais na relação entre bem e prazer: o prazer é completo, acompanha e é corolário da atividade e não é perene. A não perenidade do prazer deriva da própria incapacidade do homem de exercer, de forma perpétua, qualquer função. O homem pode de tudo se desfazer, negar e descrer, só não poderá vencer o tempo. Como não existe atividade contínua, o prazer não será contínuo. Como a vida não é contínua, mas sim uma multiplicidade de atividades, o prazer não será a constante da vida, e sim uma possibilidade presente em cada atividade.

Isso, ao seu tempo, corrobora o raciocínio de que existem bons e maus prazeres. Sendo o prazer o elemento que completa a atividade, a qualidade do prazer estará ligada à qualidade da atividade. O prazer que completa uma atividade boa será necessariamente bom, enquanto aquele que acompanha uma atividade má será necessariamente mau.

Nesse contexto, as funções e objetos acima descritos devem ser lidos de maneira ampla, e não restritiva. Os cinco sentidos físicos do homem são funções com seus respectivos objetos, assim como a razão é uma função da alma com seu objeto também específico.

Como para Aristóteles o exercício da razão é a função própria do homem, o melhor prazer humanamente realizável estará ligado ao fundamento dessa função.

2.2.3 Felicidade: a revelação filosófica de Aristóteles

Uma leitura ampla da obra de Aristóteles, analisando-a em seu conjunto, é capaz de identificar vários pontos de diferença entre este e Platão, sobretudo na crítica que o primeiro faz ao segundo quanto à metafísica, entenda-se, a teoria das ideias, e à protologia.

Já foi observado que Platão e Aristóteles trabalham o bem em perspectivas sensivelmente distintas. Para o primeiro, o bem é, a um só tempo, origem e causa de inteligibilidade dos seres. Já para o segundo, o bem corresponde a uma finalidade. Pode-se dizer, ainda, que no primeiro se tem o bem como uma origem comum; já no segundo, para os homens, o sumo bem será uma finalidade comum. Origem e finalidade, esse viés dicotômico do pensamento grego (outro exemplo são a virtude e o vício), não coincidentemente fez-se representar nas revelações filosóficas desses dois pensadores.

O passo adiante que foi dado por Aristóteles foi reconhecer a importância do mundo sensível, da realidade concreta na qual existem e desenvolvem-se os seres. Esse perfil concreto, ao contrário do que pode parecer num primeiro momento, não se reduz em fatalismo, ou ainda, em pragmatismo sofista, que propugna convencimento, e não verdade. Basta recordar as intervenções de Trasímaco em face de Sócrates nos diálogos que Platão eternizou em sua República.

Ao contrário, Aristóteles trabalha o físico como um ponto de partida para uma investigação metafísica. Essa particularidade encerra importantes influências para a leitura que esse autor faz de ambos os campos.

A busca de Aristóteles é por um bem que seja humanamente realizável. Para descobrir o bem humano, parte-se do entendimento que o bem é o exercício de uma função própria e singular que não pode ser exercida de modo tão pleno por outro ser que não o próprio. A função que somente o homem pode exercer é a razão. Por outro lado, toda ação e atividade visa a uma finalidade, assim o exercício da razão, próprio do homem, também deve ter uma finalidade.

Existem finalidades que se buscam e concretizam para o desenvolvimento de outras, e existem também aquelas que se valem por si. Existe, ainda, uma finalidade que é fundamentalmente comum a todos os homens. Uma finalidade que todos buscam como um fim último e absolutamente necessário: a felicidade.

Essa felicidade, sendo a maior finalidade humanamente realizável, será uma atividade, e não um estado; será um exercício, e não um atributo.

Sendo um exercício típico do homem, para Aristóteles a felicidade existirá na medida em que houver o exercício da função típica do homem: a razão. Por outro lado, a felicidade traz em si uma carga valorativa, pois é considerada não somente um bem, mas um sumo bem. Por conseguinte, não é o puro exercício da razão que levará a felicidade, mas sim um exercício positivamente qualificado: o exercício virtuoso da razão.

A virtude surge nessa perspectiva como a justa medida entre dois vícios (e mais uma vez surge a dicotomia comum aos gregos): o vício do excesso e o vício da falta. Entre todas as virtudes existentes, medianas de diversos vícios, a justiça ocupa um lugar singular na medida em que não se trata de uma mediana (não existe um vício de justiça seja por falta, seja por excesso) e, principalmente, porque, ao contrário de todas as demais, é uma virtude que necessariamente é exercida em função do próximo.

O questionamento acerca do prazer surge, pois, como elemento duplamente importante. Num primeiro momento, para diferenciar o prazer da felicidade; num segundo, para dar funcionalidade a este. O reconhecimento da importância do prazer, para Aristóteles, não acarreta num hedonismo. A diferenciação já foi apontada acima; a funcionalidade, no entanto, merece nova leitura.

Aristóteles, ao discordar de que o bem e a felicidade estão presentes para aqueles que são torturados, por exemplo, resgata o prazer como elemento da vida digna. O prazer entendido como satisfação sem excesso, ou falta (vícios), das necessidades materiais, e ainda, como corolário da atividade desenvolvida pela melhor função em face de seu melhor objeto, aponta para a necessidade de uma vida não somente virtuosa, mas também materialmente digna. O exercício virtuoso da razão somente é possível com o ser humano liberto de todas as opressões, sejam elas morais ou físicas.

Resgatando o entendimento de que a felicidade é o exercício virtuoso da razão, e, portanto, a felicidade é atividade; e ainda, que o prazer é o corolário da atividade, Aristóteles regenera e justifica o agir filosoficamente para o mundo: a felicidade é a finalidade (bem) comum de todos os homens, e o exercício de seu conteúdo (razão virtuosamente exercida) é também o maior prazer humanamente realizável.

Aristóteles consegue, pois, um bem humanamente realizável, comumente desejado, que reconhece na razão, na virtude, na justiça e no prazer, seus elementos fundantes. Nas palavras do filósofo:

> Isso fica demonstrado pelo fato de os animais não participarem da felicidade, completamente privados que são de uma atividade dessa ordem. De fato, toda a vida dos deuses é bem-aventurança, e a dos homens o é enquanto tem algo dessa atividade, ao passo que nenhum dos outros animais é feliz, visto não participarem de modo algum da contemplação. Dessa forma, a felicidade chega somente onde há contemplação, e as pessoas que são mais capazes de exercer a atividade contemplativa são as que mais fruem a felicidade não como simples acessórios, mas em razão da contemplação mesma, pois esta é preciosa por si mesma. E assim, a felicidade deve ser alguma forma de contemplação.
>
> Mas o homem feliz, enquanto homem, necessita também de bens exteriores, pois nossa natureza não basta a si mesma para fins da contemplação. Nosso corpo também necessita, para ser saudável, de ser alimentado e cuidado. Entretanto, não se deve pensar que o homem, para ser feliz, necessite de muitas ou de grandes coisas, só porque não pode ser sumamente feliz sem bens exteriores. De fato, a auto-suficiência e a ação não implicam excesso, e podemos praticar ações nobres sem para isso necessitarmos ser donos da terra e do mar. Mesmo com recursos moderados, pode-se proceder virtuosamente (aliás, isso é evidente, pois se pensa que um cidadão pode praticar atos não menos digno que os dos que detêm o poder; e muitas vezes até mais), basta que tenhamos o necessário para isso, pois a vida das pessoas que agem em conformidade com a virtude será feliz.[56]

No início de Ética a *Nicômaco*, o filósofo aponta que sendo a felicidade o sumo bem humano ela necessariamente será objeto de uma ciência também máxima, ou seja, uma ciência que a nenhuma outra presta funcionalidade, e que de todas as outras se utiliza: a ciência política. Logo a felicidade é o sumo bem humano, e a política, a máxima ciência que a terá como objeto.

Em Ética a *Nicômaco*, tratou-se do homem e do bem que lhe é próprio (comum), e da sua justificação. É necessário, por conseguinte, verificar o conteúdo social do homem e a função das leis nesse processo. Apresenta-se, pois, a *Política*.

2.3 Política: o bem da sociedade

Pelo exposto, desde já, pode-se marcar firme cisão entre a *República* de Platão e o pretendido por Aristóteles em sua *Política*. Não só pelos eixos

---
[56] ARISTÓTELES, 2003, p. 232.

teóricos adotados por cada um desses pensadores (em específico a leitura que cada um faz do bem), mas também pelo destinatário da obra. Na *República*, a obra dirige-se ao indivíduo e ao processo de libertação filosófica deste; na *Política*, como se pretende demonstrar, será dirigida à sociedade. Aristóteles, no início da referida obra, já aponta a direção pela qual seu raciocínio será estruturado:

> Sabemos que uma cidade é como uma associação, e que qualquer associação é formada tendo em vista algum bem; pois o homem luta apenas pelo que ele considera um bem. As sociedades, todas elas, portanto, propõem-se algum lucro — especialmente a mais importante de todas, visto que pretende um bem mais elevado que envolve as demais: a cidade ou sociedade política.[57]

Dessa breve passagem, depreende-se a síntese do pensamento que será desenvolvido durante toda a obra. O filósofo ratifica o bem como uma finalidade própria do homem e da associação deste com seus pares. Vai além, contudo, e identifica na sociedade política a mais elevada de todas as associações, na medida em que essa sociedade política possui um bem que concatena todos os demais pretendidos pelas outras formas de associação humana.

A associação de seres, no entanto, não é um privilégio natural do homem. Diversas outras formas de vida também a realizam. Para Aristóteles, o que difere a associação humana das demais é o exercício da razão. Não se trata, no entanto, da razão em si, mas sim de uma razão qualificada, valorativa. Com isso é a capacidade de diferenciar o certo do errado, o bem do mal, que possibilitará a existência da sociedade política.

Nesse sentido, o sumo bem humano, aquele que tem valor por si e diante do qual todos os demais possuem o caráter de funcionalidade, é a felicidade. Sendo esse bem finalíssimo, ou ainda comum a todos os seres humanos, entende-se que as associações humanas são estabelecidas para, em última análise, possibilitar a concretização dessa felicidade. Com isso, Aristóteles propõe que a sociedade política tem como causa final a instrumentalização da felicidade humana, esta entendida como o exercício virtuoso da razão. Dessa perspectiva, no entanto, surgem dois importantes apontamentos: um referente à natureza do homem na sociedade política; outro referente à ordem de relacionamento entre esta e o homem.

---

[57] *Idem*, 2002, p. 11.

Ao indicar que a sociedade política se estabelece em face da felicidade humana, o filósofo faz presente a busca pela natureza dessa sociedade como ente. Ou seja, estuda a função que somente ela pode exercer plenamente sua finalidade. Nessa perspectiva, sendo ela constituída pela associação de homens, seu bem não pode ser distinto do bem daqueles.

Com isso ele foi capaz de identificar que a causa final da sociedade política será consequência da causa final dos indivíduos que a compõem. É importante destacar, todavia, que essa consequência não é meramente lógica, mas antes, e sobretudo, ontológica. A causa final da sociedade política e do homem para Aristóteles não se verifica porque a soma das partes supostamente compõe o todo, e sim porque o homem só "é" em sociedade. A humanidade, enquanto identidade do homem, só existe na associação, na sociabilidade. O filósofo inicia esse pensamento da seguinte forma:

> A sociedade formada por inúmeros pequenos burgos constitui-se uma cidade completa, com todos os meios para se prover a si mesma, e tendo alcançado, por assim dizer, a finalidade a que se tinha proposto. Existindo, sobretudo, pela necessidade mesma de viver, ela subsiste para uma existência feliz. Esta a razão pela qual toda a cidade se integra na natureza, visto que a própria natureza foi quem formou as primevas sociedades; ora, a natureza era a finalidade primeva de todas as sociedades; e a natureza é o real fim de todas as coisas.[58]

Com isso indica-se que é a própria natureza do homem que forjará a sociedade política, ao mesmo tempo que esta fornecerá as condições necessárias para seu pleno desenvolvimento. É nesse sentido que surge o homem como animal político.

O homem, dessa forma, somente em sociedade poderá atingir o pleno desenvolvimento de sua função específica e, por conseguinte, exercer a atividade contemplativa, que é elemento basilar da felicidade humanamente realizável. Fora de sociedade, para Aristóteles, o homem converte-se em um ser que não exerce sua função e, portanto, guardaria semelhança física, mas não ontológica, com os demais. Disso decorre importante constatação: a de que o homem não basta a si mesmo. Tendo verificado a ligação entre homem e sociedade, é preciso verificar em que ordem esta se manifesta.

Para o filósofo, o todo existe antes da parte, logo a sociedade política existirá de modo anterior à família e ao indivíduo. Para melhor compreensão

---

[58] ARISTÓTELES, 2002, p. 13-14.

dessa tese, é preciso ter em mente que o ato filosófico de Aristóteles se dá com base na funcionalidade, ou seja, na finalidade do ente. Pode-se ilustrar essa questão, por exemplo, com o exercício do ato de escrever: o verso que será escrito pelo poeta já está formado quando este de fato o escreve, ainda que este o corrija e o refaça quantas vezes entender necessário.

Diante desses dados, o todo antecede as partes na medida em que é a causa final em face da qual as partes se organizam, e, em face dele, obtêm sentido.[59] Nas palavras do autor:

> De maneira evidente, o Estado está na ordem da natureza e antecede ao indivíduo; pois, se cada indivíduo por si mesmo não é suficiente, o mesmo acontecerá com as partes em relação ao todo. Ora, o que não consegue viver em sociedade, ou que não necessita de nada porque se basta a si mesmo, não participa do Estado; é um bruto ou uma divindade. A natureza faz assim que todos os homens se associem.[60]

Assim, cabe destacar que a proposição de Aristóteles de que o fim da sociedade política é mais elevado que o fim individual não vem tolher a importância do homem em face daquele; pelo contrário, vem indicar que a legitimidade funcional da sociedade política se dá na medida em que esta instrumentaliza o fim do indivíduo, qual seja, a felicidade aristotelicamente compreendida. Nesse contexto, é importante trabalhar o modo pelo qual a sociedade política, na visão do filósofo, pode fundamentar a vida virtuosa.

2.3.1 A sociedade política e a vida virtuosa

Com a já identificada semelhança entre o fim da sociedade política e o fim do homem, pode-se observar que a sociedade política será o elemento no qual as virtudes humanas serão forjadas e exercidas. Basta lembrar, para tanto, que a mais nobre das virtudes, a justiça, tem essa nobreza na medida em que seu exercício, além de sintetizar todas as demais virtudes, somente se concretiza em face do próximo.

Como consequência, verifica-se que, embora os aspectos materiais da existência sejam determinantes para que se possa buscar o sumo bem

---

[59] "Desse modo o Estado, que é o último *cronologicamente*, é o primeiro *ontologicamente*, porque se configura como o todo do qual a família e a vila são partes, e, do ponto de vista ontológico, o todo precede as partes, porque o todo, e só ele, dá sentido às partes" (REALE, 1994, p. 432).
[60] ARISTÓTELES, op. cit., p. 15.

humano, essa materialidade, sob nenhuma hipótese, poderá esgotar o fim último do homem. O mesmo raciocínio o filósofo aplica à sociedade política.

A sociedade política e suas instituições não se justificam em si, mas somente na medida em que cumprem com a funcionalidade anteriormente indicada. Garantir a sobrevivência do indivíduo, sem dúvida, é um dever dessa sociedade, mas o entendimento de que somente isso basta é diretamente negado pelo autor.

A sociedade deve libertar o homem para que este exerça seu fim. Nas palavras de Aristóteles[61]:

> É a amizade que leva os homens à vida social. A finalidade do estado é a felicidade na vida. Todas essas instituições visam à felicidade. A cidade é uma reunião de famílias e pequenos burgos que se associam para desfrutarem juntos uma existência inteiramente feliz e independente. Contudo, bem viver, de acordo com nosso modo de pensar, é viver venturoso e com virtude.

Com isso o filósofo reafirma que, do mesmo modo que o bem material, seja ele corpóreo (prazer), ou exterior (riqueza), não define a finalidade humana, também não definirá a finalidade da sociedade política. Fruto desse raciocínio é o entendimento do filósofo de que contribui verdadeiramente com a sociedade política quem virtuosamente vive, e não quem a qualquer preço, de qualquer maneira, acumula bens materiais.

Ressalta-se que Aristóteles não prega a renúncia do mundo. Os bens materiais são importantes, contudo, ontologicamente, o exercício da virtude é superior e legitima a existência da sociedade política.

2.3.2 A contribuição de Aristóteles

Aristóteles, ao buscar um bem humanamente realizável, edificou nova perspectiva para o próprio entendimento do bem, buscando-o na finalidade, e não somente na origem. Com isso foi possível verificar que a felicidade é o sumo bem humano, e que esta não se resume a prazer ou riqueza, e sim é constituída pelo exercício virtuoso da razão. Destacando-se que a virtude mais nobre é a justiça.

Dessa forma a ética é uma filosofia prática, e não um atributo inerente ao indivíduo. A ética é uma atividade, não um estado. Logo ninguém é ético, mas sim tem uma vida ética, ou, ainda, pratica atos éticos.

---

[61] ARISTÓTELES, 2002, p. 94.

Foi possível, dessa forma, identificar que o sumo bem humano só é possível em sociedade e que, com isso, embora o indivíduo exista cronologicamente antes da sociedade política, esta é ontologicamente anterior ao homem.

Pode-se entender, em síntese, que Aristóteles revela a existência de uma finalidade comum à humanidade, que é aferível racionalmente. É atividade e não estado, que tem base em elementos materiais, mas não se resume a estes, e que ao mesmo tempo que só é realizável em sociedade esta lhe é ontologicamente anterior.

2.4 Tomás de Aquino: filosofia e fé

O terceiro pensador estruturante do entendimento de bem é Tomás de Aquino. O entendimento da importância desse ato, contudo, só pode dar-se em sua real dimensão com a adequada contextualização do autor e do seu processo de revelação filosófica. E aqui já emerge um primeiro ponto de interesse: pode um santo (como Tomás de Aquino é considerado pela Igreja Católica) ter outra espécie de revelação que não divina? Verifica-se, por meio dos escritos desse autor, que não só é possível, mas que também uma atividade não impede a outra. Qualquer disfunção sobre a interação entre fé e filosofia revela concreta corrupção do entendimento do significado de uma ou de outra.

Esse tema é polêmico, e por si pode ser objeto de investigação; ainda assim, contudo, fugir-lhe seria negar parte da complexidade que se pretende esclarecer.

Encontra-se na obra de Tomás de Aquino forte influência dos atos filosóficos praticados por Platão e Aristóteles. Com isso sua obra ganha atemporalidade não por eventual sacralidade, e sim por sua abertura e universalismo.[62] Essas características estão presentes na leitura e sistematização da realidade feita por esse autor.

Tomás de Aquino viveu e teve seu trabalho desenvolvido durante o século 13, época em que as obras clássicas de autores gregos foram reintroduzidas no conhecimento europeu por meio de traduções árabes. O estudo dessas obras possibilitou novas interpretações dos escritos de Platão e Aristóteles, por pensadores da Igreja Católica de então. O que era compreensível, na medida em que por meio dela o conhecimento era produzido e difundido no continente europeu.

---

[62] LAUAND *apud* Tomás de Aquino, Santo. Verdade e Conhecimento. 2002, p. 2.

Nesse cenário, sob a esfera religiosa, forjam-se dois entendimentos da realidade: um que tende a uma religiosidade que nega o mundo, e outro que nega a religiosidade e abraça a "naturalidade". Essa negação do mundo tinha forte lastro na ideia de que a matéria impossibilitava a plena virtude da alma, sendo o homem e o mundo que o circunda, fruto de um pecado original. Com isso, a negação da vida mundana e o desapego da matéria seriam elementos necessários para a realização da vida espiritual e religiosa completa.

Surgem, pois, movimentos considerados heréticos que confrontam a Igreja Católica e sua opulência, notadamente os albiganeses e os cátaros.[63] Somando-se a eles um movimento conhecido como averroísmo latino, realizava estudos e interpretações da obra de Aristóteles desvinculados da doutrina católica, o que trazia como resultado afirmações como a de que Deus é somente a causa final e não eficiente de todas as coisas.[64]

Em síntese, por um lado a doutrina católica era alvo de movimentos heréticos que entendiam na negação do mundo a salvação do homem; por outro era contraditada por uma interpretação de um filósofo clássico que sistematizou a realidade.

Como consequência, a Igreja Católica sofre processos internos de mudança. As ordens mendicantes (franciscanas e dominicanas)[65] fazem do desprovimento material, a adoção de uma vida materialmente mais humilde, ponto de partida para abraçar o mundo (entendido como vida), e não como forma de negá-lo. Era a busca do convencimento, naquele momento, não pela violência, mas pelo exemplo e argumentação. Tomás de Aquino era dominicano.

Quem entende Tomás de Aquino como "correia de transmissão" do ato filosófico de Aristóteles, portanto, comete grave equívoco. O modo com que o primeiro trabalhará a obra do segundo é fruto não somente de uma perspectiva cristã com todas as suas derivações, mas também é o próprio aperfeiçoamento dessa perspectiva. Ou seja, Tomás de Aquino não "cristianizou" Aristóteles, mas, com base na obra dele, pôde vislumbrar novos caminhos de interação entre filosofia e fé. Nas palavras de Lauand: "É precisamente nisto que reside a grandeza de Santo Tomás: tendo-se defrontado com estas

---

[63] LAUAND, Luiz Jean in Tomás de Aquino, Santo. Verdade e Conhecimento. 1999, p. 9.
[64] BOEHNER, R.; GILSON, E. **História da Filosofia Cristã**: desde as Origens até Nicolanu de Cusa. Tradução e nota introdutória de Raimundo Vier O.F.M. Petrópolis: Editora Vozes, 1970. p. 447.
[65] LAUAND, Luiz Jean apud Tomás de Aquino, Santo. Verdade e Conhecimento. 1999, p. 11.

'visões do mundo', que já então se apresentavam fortemente antagônicas, não opta por uma delas, mas aceita-as *ambas*, ultrapassando-as ao deslindar o conteúdo de verdade de cada uma delas".[66]

Ou ainda como apontado por Gutiérrez[67]:

> La diferencia esencial entre la filosofia política del Aquinate y las concepciones patrísticas y augustinianeas sobre el mismo asunto consiste en que SANTO TOMÁS supera el pesimismo metafísico y el recelo de la Iglesia antigua hacia el 'mundo', cuya proyección había dado lugar a una desvalorización de la vida política y a la tesis varias, a veces injustamente entendidas e imputadas, que van desde la concepción del Estado como una consecuencia del pecado a su interpretación como *poena et remedium peccati*.

Tomás de Aquino, portanto, obteve novas leituras sobre o bem, o indivíduo e a sociedade política em razão do que Aristóteles já havia contribuído a respeito, e não apesar dele. Ideias diferentes, não necessariamente, serão opostas entre si.

2.4.1 Tomás de Aquino e a unidade do ser humano

O ato filosófico de Tomás de Aquino diferencia-se do de Aristóteles e de Platão pelo seu entendimento criacionista da realidade. A fé cristã entende a realidade como uma criação racional e deliberada de Deus. Desse entendimento criacionista, o homem guarda papel singular.

O fato de um ato filosófico ter por base uma premissa religiosa não depõe contra a contribuição do Aquinate. Essa, em verdade, é uma falsa polêmica que não permite a constatação da essência: é o exercício da razão que determina o filosofar, o que, havendo honestidade intelectual, não conflita com o exercício da fé. Caso contrário, a busca de Platão pelo Bem, por exemplo, desde já teria que ser desacreditada, ou simplesmente ignorada.

Tomás de Aquino trabalha o homem como unidade. O homem é uno, e isso significa que a análise de suas partes não leva à compreensão do todo, ou ainda que da união das partes não se pode construir o uno[68].

---

[66] LAUAND, Luiz Jean *apud* Tomás de Aquino, Santo. Verdade e Conhecimento. 1999, p. 15.
[67] GUTIÉRREZ, Estaquio Galan. **La Filosofia Política de Sto. Tomás de Aquino**. Madrid: Editora Revista de Derecho Privado, 1945. p. 4.
[68] Com isso resgata-se mais uma vez a impossibilidade de compor o todo somente pela união das partes. A cada criador sua criatura, a cada gênio seu Frankenstein.

Essa unidade humana é decorrente da união substancial entre a alma e o corpo. A união substancial é a união indissolúvel entre a forma e matéria.[69]

É possível verificar como Tomás de Aquino trabalha a forma de modo distinta de Platão. Para este, a forma, ou ideia, era a essência da qual o ser, reflexo deformado, derivava. Tomás de Aquino também identifica na forma a essência do ser, aquilo que o distinguirá de todos os demais; contudo, embora a forma seja superior ao ser, há entre os dois recíprocas interações.

Ao considerar-se a alma (entendida como forma ou ideia) a essência do ser, tem-se que é a alma que *determina* o homem. O que, contudo, não significa que ela *seja* o homem. A alma, assim, realiza suas potencialidades por meio da matéria, e é essa realização de potencialidades que caracteriza o homem. O homem é na operação das potencialidades próprias da alma humana. Como o *ser* humano está na operação desses dois elementos (alma e matéria), a exclusão de qualquer um deles impossibilita a verificação (no sentido de tornar verdadeiro) do homem.

Essa leitura é feita por Tomás de Aquino em um contexto ainda maior, o qual abstrai o homem e busca o *ser* enquanto tal. Nesse plano o ser possuiria duas formas: potência e ato. O ser é, portanto, atividade, enquanto potência é a condição do *ser*. Nas palavras de Laund[70]:

> Ora, também a essência, longe de ser uma realidade isolada à qual se justaporia o existir, é entendida por Tomás como intrinsecamente unida ao ente real e concreto: como *de-finição, de-limitação, de-terminação*, isto é, estabelecendo os limites, o fim, o término da recepção do ato de ser por este ente concreto.

Verifica-se, assim, a influência do ato filosófico de Platão. A essência é o bem próprio de cada ser na medida em que esta o de-limita, singulariza-o perante os demais. É, portanto, uma nova leitura, ao mesmo tempo que ratifica o entendimento de Platão sobre o tema. Sua nova leitura dá-se na medida em que incorpora e assume que a essência (inteligível) existe na matéria (sensível); o ponto corroborado, no entanto, é mais sutil: a ação. Tanto para Platão como para Tomás de Aquino a ação é o ser, ainda que as perspectivas sejam diferentes. No primeiro há a ação do *Uno* sobre a *Díade* que criará a realidade inteligível, a qual é apartada da realidade sensível. Já para o Aquinate, é a ação da essência sobre a matéria que formará o *ser* completo.

---

[69] BOEHNER; GILSON, 1970, p. 468.
[70] LAUAND, Luiz Jean *apud* Tomás de Aquino, Santo. Verdade e Conhecimento. 1999, p. 62.

Ocorre que Tomás de Aquino utiliza para demonstrar a existência de Deus, entre outros argumentos, o argumento do primeiro motor[71], ou seja, Deus como o primeiríssimo a transformar potência em ato. Considerando-se que Deus é *i-limitado* (contrapondo-se à *de-limitação* imposta pela essência à matéria) e que esse é o primeiro motor, pode-se considerar que Deus não teria essência própria, mas sim que É puro ato. Para Tomás de Aquino, dentro desse contexto, Deus é puro ato e todos os *seres* (ou seja, todos aqueles que são em ato e não em potência) participam dele. Ou, em outros termos, Deus é puro ato; logo, todo ente que é traz em si parte de Deus, inclusive o homem. Assim, o homem, enquanto operação das potencialidades próprias de sua alma, soma da alma (forma) e matéria, traz, em si, reflexo de Deus. Lauand sintetiza a originalidade do pensamento do Aquinate[72]:

> Esta afirmação encerra em si importantes consequências para o pensamento e para a vida. Ao contrário da corrente 'espiritualista' de sua época, que via na matéria a fonte da limitação, e portanto recomenda a 'negação do mundo' como virtude necessária para se atingir a Deus, Tomás verá nesse mesmo mundo - nas coisas criadas - o caminho para se chegar até Ele.[...]
>
> Tomás é, portanto, decididamente também 'materialista'. No entanto, essa atitude não se opõe nele à fé; pelo contrário, ajuda a compreendê-la melhor, e vem reforçar um aspecto central que desde sempre esteve afirmado pelo cristianismo: o mundo material é criatura de Deus, não algo oposto a Ele.

Com isso, Tomás de Aquino traz à Igreja nova construção teórica que se opõe ao entendimento de que a negação da matéria, do mundo, e, em última análise, a negação do homem, seja o caminho para a salvação da alma. Gutiérrez[73] aponta para o entendimento do filósofo quanto à relação entre o homem e o mundo:

> Conviene observar que para Santo Tomás la personalidad no es como un dato muerto e inmóvil. El hombre no es persona como la piedra. La persona es, ante todo, un dato ontológico: es la substáncia individual de naturaleza racional [...] Por lo tanto, la persona no es un ser ya hecho, sino algo que cada cual tiene que hacer por sí mismo, algo que tiene que desple-

---

[71] Os argumentos presentes na *Summa Theologica* são: Deus como primeiro motor, como causa eficiente, como existente necessário, como parâmetro dos graus de ser, como governador de todas as coisas.
[72] LAUAND, Luiz Jean *apud* Tomás de Aquino, Santo. Verdade e Conhecimento. 1999, p. 66.
[73] GUTIÉRREZ, 1945, p. 54.

> garse y que cumplirse. Ser persona es un cometido a realizar, un programa que llenar, una empresa en la que el hombre está de continuo empeñado y que exige de él la sublimación espiritual de todas sus maneras y modos de comportarse y de existir. En consecuencia, el hombre conquista en la acción su personalidad, y en ella tambíen la arriesga e incluso llega a perdela, decayendo del respeto y de la dignidad que merece como persona cuando no cumple su misión, cuando sucumbe al juego de las potencias inferiores de su ser, haciéndose esclavo de ellas y perdiendo el señorío sobre sí mismo.

Resgatando a lição de Aristóteles, e tendo ciência do ato filosófico de Tomás de Aquino, vê-se que a unidade do homem, entendida como a impossibilidade de dissociar o homem de sua alma (forma, ideia ou essência), é fundamento de responsabilidade do homem por seu próprio meio e pela forma, virtuosa ou não, de manifestação dos seus atos. Corrobora-se, por outro lado, o entendimento de que, mais uma vez, o aspecto material, embora fundamental, não esgota o homem nem as relações humanas, seja para o exercício da virtude, seja para a salvação de sua alma.

2.4.2 O bem comum em Tomás de Aquino

Entendida a originalidade do pensamento desenvolvido por Tomás de Aquino, e, ainda, a importância do reflexo desse pensamento quando contextualizado historicamente, é possível compreender a formulação do *bonum commune*.

Foi verificado que todo *ser* participa, ou seja, faz parte de Deus. Isso se dá na medida em que Aquele é ato e, no limite, a própria existência nada mais é que a atualização da potência, o exercício do *ser*. Nessa dimensão toda criatura que é traz em si parte de Deus.

Ocorre, porém, que a alma na visão do Aquinate não existe por si, porque ela não pode realizar sozinha todas as suas potências, mas somente por meio da matéria (corpo). É a alma entendida como forma, ideia, ou, ainda, essência, que dará inteligibilidade ao ser. Nas palavras do autor:

> Os sentidos estão para os inteligíveis, assim como o intelecto para os sensíveis. Ora, a alma não pode de modo nenhum conhecer, pelos sentidos, o espiritual que é inteligível. Portanto, não pode conhecer de modo nenhum, pelo intelecto, os corpos que são sensíveis.[74]

---

[74] AQUINO, 2004, p. 77.

Destaca-se, com isso, que a citada união substancial de corpo e alma apresenta consigo, também, importante significado epistemológico. A inteligibilidade do mundo material tem nos sentidos (no corpo) o seu veículo. Embora o bem comum seja um elemento potencialmente inteligível, sua atualização, ou seja, sua compreensão pelo sujeito, repousará num processo de conhecimento do qual a realidade física, histórica e social do sujeito não podem ser desprezadas.

Admitindo essa participação divina, bem como a existência de uma alma humana, é possível observar em que sentido será construído o bem comum em Tomás de Aquino: busca por uma racionalidade, já trabalhada por Aristóteles, que se integra em um projeto de teológico de desenvolvimento do ser.

A perspectiva criacionista é determinante nesse sentido e dá novo vigor ao entendimento de Aristóteles sobre a finalidade. Tudo que existe exerce o ato de ser. O exercício desse ato, ao seu tempo, é determinado por sua alma, uma vez que esta singulariza o ente, diferenciando-o dos demais, e possibilitando a sua inteligibilidade.

É necessário lembrar, ainda, que todo ato exercido tem uma finalidade predefinida, ou, como visto anteriormente, a ação é cronologicamente anterior, porém é ontologicamente posterior a finalidade. Com isso, tem-se que o existir humano é condicionado por sua alma, e, em assim sendo, seus atos devem convergir para a realização das potencialidades daquela.

A sociabilidade do homem já fora apontada por Aristóteles, que entendia a sociedade política como meio necessário para o exercício virtuoso da razão. Tomás de Aquino dá novos contornos a esse entendimento, e, com sua perspectiva criacionista, ele identifica o elemento comum do homem não apenas no exercício de sua racionalidade, mas também em sua participação de um projeto divino.

A racionalidade comum aos homens aliada ao entendimento criacionista de uma participação divina forja um homem que tende à sociabilidade, mas que não pode ser suprimido por ela, pois representa também um fim em si. Como explica Gutiérrez[75], para Tomás de Aquino a racionalidade e a ética dela decorrente não permitem o entendimento do homem como um meio, seja para a ação de outro homem, seja para a ação da sociedade, ou ainda: "El hombre es, pues, parte de la sociedad, pero es la vez un todo en sí mismo".[76]

---

[75] GUTIÉRREZ, 1945, p. 81.
[76] *Ibidem*, p. 85.

Nesse contexto Tomás de Aquino resgata as lições de Aristóteles e identifica no Estado uma finalidade ética, na medida em que o homem é um ser racional. Ou seja, se a sociabilidade natural do homem se dá para a consecução de um fim comum, o fim do Estado deve corresponder a essa finalidade, logo o fim ético do Estado é o bem comum.

A sociedade política existe cronologicamente de modo posterior ao homem, e esta lhe é ontologicamente anterior; assim como o bem comum por ser o fim ético do Estado será ontologicamente anterior a este.

Deve-se ressaltar, nesse momento, que a ênfase na identidade ética do fim da sociedade política é pressuposto epistemológico para o entendimento da Política como a ciência proposta por Aristóteles e trabalhada por Tomás de Aquino. É bem verdade que Tomás de Aquino relativiza o poder político temporal em face de um poder divino que acima de tudo está; que rege essências e que em tudo está presente, posição que Aristóteles não teve e nem poderia ter tido uma vez que tal perspectiva somente seria possível a partir da revelação cristã e sua própria visão criacionista do mundo.

O ponto fundamental, no entanto, e nisso tanto o Estagirita quanto o Aquinate concordam, é que se fosse outro o fim da sociedade política, que não o ético, essa sociedade não se estruturaria como tal. Fosse o objetivo somente a supressão das necessidades materiais, ou somente o estabelecimento de melhores condições de produção, mais natural seria a formação de outro tipo de organização, na qual cada um tivesse somente de acordo com sua contribuição. Ou seja, o bem comum como fundamento ético do Estado não é o bem conjunto, ou coletivo, entendido como a soma dos bens particulares.

O fim do Estado não é somente um fundo de acumulação material e de eventual distribuição, mas sim a instrumentalização das condições necessárias para a realização da finalidade comum do homem, que tanto em Aristóteles como em Tomás de Aquino é a felicidade humana. A diferença é que para o primeiro a felicidade, como já visto, é o exercício virtuoso da razão, logo não será um estado, mas corolário de uma atividade. Para o segundo, a felicidade como finalidade não se encontra neste mundo, e sim em outro, na perspectiva de viver junto a Deus.

Como acima indicado, o ato filosófico de Tomás de Aquino foi ainda mais importante em sua época em face do momento histórico da Igreja Católica de então. A unidade do homem, e a incindibilidade entre alma e corpo, da forma como teorizada pelo Aquinate, fez frente a um projeto de salvação que negava o mundo. Logo se reconheceu não somente que o corpo e o mundo não são a materialização do pecado, mas sim criaturas de um mesmo Criador. Dentro desse conceito de unidade, duas demandas existem, uma material, e outra espiritual, sendo que não se pode chegar à segunda sem passar pela primeira, como explica Gutiérrez[77]:

> La finalidad primordial del Estado es, pues, terrena y mundana, y consiste en procurar al hombre la imperfecta delicidade de la vida temporal, el bien estar material, en acallar en el ser humano las exigencias irrefrenables de la propria conservación — que son imperativo primerísimo de la ley natural — para que en sus adentros puedan percibirse la voz y las llamadas de lo eterno, para que dichosamente pueda el hombre elevar los ojos al cielo y fijar su pensamiento en la Ciudad de Dios cantada por San Agustín.

O bem comum de Tomás de Aquino, assim, terá uma perspectiva distributiva e participativa, ou seja, em sua face material deverá ser suporte para a construção de uma vida materialmente digna. Já em sua manifestação ética, o bem comum será suporte para o estabelecimento de elementos que não podem ser distribuídos, mas sim participados. A manifestação ética do bem comum leva a elementos que agregam sua fruição. Nessa perspectiva Gutiérrez[78] indica com precisão a posição de Tomás de Aquino:

> Mediante ambas manifestaciones del bien común se cumple en el Estado aquel fin a que antes se há aludido: *quod homines non solum vivant, sed quod bene vivant*: forjar una situación social básica en donde a todo hombre diligente sea accesible el bienestar material para que sobre él se pueda desarrollar la personalidad en la plenitud de sus posibilidades espirituales.

Esse é o ponto central do ato filosófico de Tomás de Aquino objeto deste trabalho. O bem comum é o fim ético do Estado que guiará suas ações para possibilitar o máximo desenvolvimento da personalidade humana[79]. Dessa sorte esse filósofo entende que quanto mais um governante exerce

---
[77] GUTIÉRREZ, 1945, p. 28

[78] *Ibidem*, p. 111.

[79] Tomás de Aquino é considerado santo para a Igreja Católica. Seu ato filosófico influenciou de tal forma o pensamento da Igreja que até hoje seu entendimento de bem comum é central na doutrina daquela, por exemplo: "Em conformidade com a natureza social do homem, o bem de cada um está necessariamente relacionado com o bem comum. Este só pode ser definido em referência à pessoa humana: 'Não vivais isolados, retirados em vós mesmos, como se já estivésseis justificados, mas reuni-vos para procurar, juntos, o que é de interesse comum.' Por bem comum é preciso entender "o conjunto daquelas condições da vida social que permitem aos grupos e

seu poder sem observar o bem comum, mais tirânico ele se torna. O que na leitura de bem comum ora apresentada é ainda mais ilegítimo, uma vez que afastar-se do bem comum, como aqui entendido, é impossibilitar a plena realização da vida humana.

---

a cada um de seus membros atingirem de maneira mais completa e desembaraçadamente a própria perfeição". (CATECISMO DA IGREJA CATÓLICA, 2000, p. 507).

3

BEM COMUM E DIREITO AMBIENTAL

3.1 O bem comum e a realização humana

O resgate do pensamento de Platão, Aristóteles e Tomás de Aquino é fundamental para a constatação de que o bem comum é o elemento central de qualquer perspectiva ética de realização do homem em sociedade. Por Platão fomos apresentados à ideia de um bem ideal e exterior (inteligível), que era responsável não só pela existência das ideias, mas também por sua inteligibilidade. Desse eixo teórico, verifica-se a efemeridade de um mundo de sombras e ilusões e a necessidade do homem, por meio do exercício da razão, função mais elevada e governadora da alma, de libertar-se para a compreensão de um bem cujo conteúdo revela a unidade-na-multiplicidade, ou, ainda, a ação do *Uno* sobre a *Díade*.

Aristóteles seguiu caminhos diferentes dos de seu mestre, ainda assim, contudo, a centralidade do bem é uma condição para a libertação humana. Ao contrário de Platão, o Estagirita buscou um entendimento de bem que fosse humanamente realizável, e não somente inteligível. A busca por essa realização deslocou o bem do plano inteligível para o plano sensível, e, com isso, sua aferição não estaria na origem, e sim na finalidade.

Nesse contexto, verificou-se a felicidade humana como sumo bem, e o conteúdo desta como o exercício virtuoso da razão. Sendo uma atividade, e não um estado, é do exercício virtuoso da razão que decorrerá o maior prazer humanamente possível. O Estagirita reconheceu que é necessária a base material para o pleno exercício da razão, contudo essa base material jamais poderia corresponder ao todo da felicidade por ele definida. Indicou, ainda, a sociedade política como local da realização humana.

Para Aristóteles, o exercício da razão é ferramenta não só de libertação, mas também de felicidade e prazer. Isso, é claro, na medida em que seja virtuosa e dê-se no bojo de uma sociedade política.

Tomás de Aquino, ao seu tempo, faz nova leitura dos escritos de Aristóteles. Não significa mera tradução dos ensinamentos do Estagirita para uma linguagem cristã, mas sim o estabelecimento de um novo eixo teórico que tem como fundo o dogma do criacionismo e movimentos teológicos que, ao separarem o corpo da alma, acabam por negar o homem e o mundo concretamente apresentado.

A força da revelação filosófica de Tomás de Aquino vem na identificação da unidade do homem, do reconhecimento de que todas as criaturas participam de algo comum (Deus), e, ainda, pela verificação de que o bem comum (entendido como conjunto de condições necessárias à plena realização das potencialidades da personalidade humana) está presente em duas possibilidades, uma distributiva e uma participativa. O bem comum, dessa forma, não é somente distribuição, mas também o tomar parte.

Diante do apresentado até o momento, portanto, verifica-se que a libertação do homem, fosse por meio do bem de Platão, do bem humanamente realizável de Aristóteles, ou, ainda, do bem comum de Tomás de Aquino, é, sobretudo, uma libertação ética que se faz materialmente instrumentalizada. O pleno desenvolvimento das potencialidades da personalidade, orientados por meio da razão vinculada à virtude, é o conteúdo ético do bem comum que tem como suporte uma vida materialmente digna, seja por meio da distribuição, seja por meio da participação.

A constituição de uma sociedade política e, por conseguinte, de suas estruturas jurídicas, orientada para o bem comum, tem como escopo a realização humana por meio do pleno desenvolvimento de sua personalidade, tendo por suporte o exercício virtuoso da razão, tanto na distribuição quanto na participação dos bens necessários para tanto.

Verificaram-se, até aqui, os eixos filosóficos pelos quais se pode entender a construção do bem comum. De posse desses elementos, podem-se verificar, de forma contextualizada, os possíveis entendimentos de bem comum como fim social.

3.1.2 O bem comum como fim social

Dallari[80], no início de sua obra *Elementos de Teoria Geral do Estado*, questiona a viabilidade de se determinar uma finalidade para a sociedade humana. Em seu estudo, divide os autores que trabalham o tema em deterministas e finalistas. Os primeiros indicam que o fim social será determinado pelo conjunto de circunstâncias materiais vivenciadas pela coletividade e por leis

---

[80] DALLARI, Dalmo de Abreu. **Elementos de Teoria Geral do Estado**. 16. ed. São Paulo: Saraiva, 1991. p. 18-20.

naturais que regem o indivíduo. Os segundos entenderiam que o fim social está estabelecido por deliberação racional dos indivíduos que compõem a sociedade, ainda que se reconheça a existência de um primeiro impulso natural.

Dallari verifica, assim, que o fim social será necessariamente comum a todos na medida em que a todos deve ser útil. Adota, em consequência, o bem comum na definição do Papa João XXIII, como fim social: "O bem comum consiste no conjunto de todas as condições de vida social que consintam e favoreçam o desenvolvimento integral da personalidade humana".[81]

A perspectiva de Dallari, no entanto, não dá vazão ao processo de constituição do bem comum, o qual é tão importante quanto o conceito sintetizado pelo Papa João XXIII. É nesse momento que se dá relevante equívoco. Ao identificar o bem comum como um consenso mínimo, diante da pluralidade de desejos daqueles que compõem a sociedade, inverte-se a realização ontológica do bem comum, como verificamos anteriormente. Diz Dallari:

> [...] O homem tem consciência de que viver em sociedade e procurar fixar, como objetivo da vida social, uma finalidade condizente com suas necessidades fundamentais e com aquilo que lhe parece ser valioso.
>
> Surge, entretanto, uma dificuldade: se cada homem é dotado de inteligência e de vontade, e se — como verificamos a cada passo — o que é mais valioso para um é completamente desprovido de valor para outro como estabelecer uma finalidade que atenda aos desejos de toda a sociedade? Essa finalidade deverá ser algo, um valor, um bem, que todos considerem como tal, daí a primeira conclusão de que a finalidade social é o bem comum.[82]

O bem comum não é uma resposta ao questionamento de um homem ciente, por um motivo não especificado por Dallari, de que é melhor viver em sociedade, mas não sabe como fazê-lo.

Como se constatou na leitura de Aristóteles e Tomás de Aquino, o bem está na finalidade e pode ser verificado no mundo concretamente apresentado, e, por conseguinte, na sociedade. Para isso, como já visto, ele será ontologicamente anterior à sociedade. Somente dessa forma se evita o equívoco de entender o bem comum como uma composição de interesses, e não a identidade comum do homem na sua unidade-na-multiplicidade.

---
[81] *Ibidem*, p. 19.
[82] *Idem*.

Galvão de Souza[83], ao seu tempo, reconhece que a expressão bem comum e sua relação com o fim social encontram-se nas obras de Tomás de Aquino, porém não menciona de forma explícita a contribuição de Platão nem de Aristóteles para o desenvolvimento do tema, embora utiliza-se delas para desenvolver seu entendimento de bem comum. Constata-se a influência de Platão na relação entre bem e racionalidade, e ainda a influência de Aristóteles no que tange à sociabilidade natural do homem, por exemplo: "No entanto, como *bem* é tudo que apetece à natureza racional do homem e, sendo próprio do homem a vida em sociedade, a realização do fim desta é a consecução de um bem que interessa a todos, ou seja, o *bem comum*, que por sua própria natureza, é comunicável e participável".[84]

Embora o autor ressalte a importância da pluralidade social e o singular papel do Estado em viabilizar a expansão das possibilidades da vida humana, ao final do texto abre perigosa lacuna ao identificar a força do bem comum na relação com o fim social: "Na configuração do fim da sociedade, tão alta é a importância do bem comum que, uma vez atendidas suas exigências fundamentais, a legitimidade do poder adquire justificação plena, independentemente do processo formal de investidura do respectivo titular".[85]

Resgatando-se o entendimento de Aristóteles de que o *sumo* bem humano é a felicidade e ainda que o conteúdo desta é o exercício virtuoso da razão, tem-se evidente a importância da ética no convívio social. O reconhecimento do bem comum como fim ético da sociedade política, conforme já apontado, é determinante para a vivência do homem em sociedade. A virtude descrita por Aristóteles, por conseguinte, é a condição da realização do bem comum. Não se pode concordar, portanto, que a concretização de exigências fundamentais legitime, por si, o poder investido.

O bem comum, em verdade, é fim social, mas não um fim em si. O bem comum materializa-se pelo homem, revela sua identidade comum e tem o próprio homem como destinatário de suas manifestações concretas (famílias, associações, sociedade e Estado). A concretização do conjunto das condições necessárias para o desenvolvimento humano somente corresponderá ao bem comum quando virtuosamente perseguida e concretizada,

---

[83] GALVÃO DE SOUZA, 1998, p. 60-62.
[84] *Ibidem*, p. 62.
[85] GALVÃO DE SOUZA, 1998, p. 62.

inclusive em seu processo de investidura. O texto de Galvão de Souza reflete, embora tenha Tomás de Aquino por ponto de partida, um entendimento essencialmente material de bem comum.

Matteucci[86], ao seu tempo, identifica fortemente o bem comum com a doutrina da Igreja Católica, chegando a caracterizá-lo como sendo típico da referida Igreja. Ponto esse que é claramente controverso. Primeiro porque o ato filosófico de verificação da relação entre homem e sociedade, do qual derivou o questionar filosófico do bem comum, é anterior à revelação cristã. Segundo porque a contribuição teórica de Tomás de Aquino não tem relevo por se ter fechado para a Igreja, antes, porque se abriu ao mundo e deu novo rumo àquela.

Esse autor descreve, ainda, algumas leituras possíveis do bem comum, como: busca solidária de um fim comum, ou ação coletiva que maximize o bem coletivo. Indica, ainda, a impossibilidade prática de realização do bem comum no mundo contemporâneo: "O Bem comum representa, pois, a tentativa maior para realizar uma integração social baseada no consenso, embora este conceito, elaborado por sociedades agrícolas e sacralizadas, não consiga se adaptar satisfatoriamente às sociedades industrializadas e dessacralizadas".[87]

Têm-se, mais uma vez, os riscos da não compreensão do bem comum como finalidade social na condição de elemento que lhe é ontologicamente anterior. Pode-se admitir que a teorização do bem comum deu-se em um momento histórico como o indicado pelo autor. Ocorre, no entanto, que não se deu *para* aquele momento histórico.

A libertação do homem por meio da razão e o bem inteligível em Platão; a ética, o bem sensível e o *sumo* bem em Aristóteles; a unidade do homem e sua identidade comum em Tomás de Aquino não são revelações filosóficas datadas. Somente a desconsideração de que é possível identificar entre os homens um *sumo* bem, que a razão pode identificar entre os seres humanos a unidade-na-multiplicidade, permite não reconhecer a perenidade do bem comum enquanto pressuposto social.

O reconhecimento do bem comum como fim social é importante porque faz resgatar a possível orientação ética do Estado e de suas instituições.

---

[86] BOBBIO, N.; MATTEUCCI, N.; RAQUINO, G. Dicionário de Política. v. 1. 12. ed. Tradução de Carmem C. Varriale, Gaetano Lo Mônaco, João Ferreira, Lupis Guilherme Pinto e Renzo Dini. São Paulo: Imprensa Oficial SP, 2002. p. 106-107.

[87] *Ibidem*, p. 107.

A orientação ética do Estado e de suas estruturas, com referencial no bem comum, deve buscar, portanto, o pleno desenvolvimento da personalidade humana. Se o bem comum como finalidade social é constatável de forma direta, a determinação do seu conteúdo, por outro lado, conforme aponta Pieper[88], é passagem bastante suscetível a equívocos.

É certo que aquele viabiliza a realização do indivíduo em sociedade, porém, segundo o autor, não se pode restringi-lo à utilidade comum. O bem comum não está ligado ao desejo humano, mas sim ao "ser" do homem, ou ainda, para ser mais preciso, às possibilidades derivadas da personalidade humana.

A crítica à visão utilitarista, tal como proposta por Pieper, não se dá de forma descontextualizada. Afinal, se desde Aristóteles entende-se que tudo existe em torno de um fim, os estágios anteriores à concretização deste foram necessariamente úteis para a consecução do último. A denúncia do utilitarismo dá-se na medida em que a utilidade, contemporaneamente, é compreendida somente na esfera econômica. É em função de um bônus ou de um ônus econômico que se dará o entendimento de utilidade.

Miguel Reale aponta que é possível identificar momentos históricos nos quais a convivência social deu-se com base em diferentes valores. Esse autor indica, como exemplo, a religião e a economia. E aponta: "Não é segredo para ninguém que a nossa é uma época imediatista e pragmática, e que vivemos, mais do que em qualquer outra, em um ambiente no qual o valor econômico polariza todos os demais". [89]

É possível entender, com isso, que uma leitura não utilitarista do bem comum, ou ainda, que o conceito do bem comum como um fim social ligado às possibilidades da personalidade humana, é importante *inclusive* por ser útil, mas não uma utilidade ligada a um determinado momento histórico ou modelo econômico de produção e consumo, e sim uma utilidade que se renova na medida em que o questionar filosófico revela novas faces do homem e o impele a novos caminhos.

A refutação desse utilitarismo é sintetizada por Miguel Reale do seguinte modo:

> Já Aristóteles, no início da *Política*, nos ensina que o homem não quer apenas *viver*, mas *viver bem*. Esta expressão não deve ser tomada, é claro, no sentido aparente de fruição de

---

[88] PIEPER, Josef. La Filosofia y el Bien Común. **Folia Humanisttica**: Ciências – Artes – Letras. Tomo XVIII, Mum. 205. Barcelona: Editora Glarma, 1980. p. 23-29.
[89] REALE, 2002, p. 205.

valores materiais, confinada nossa existência entre os horizontes das preocupações imediatas. O bem, a que o homem se destina e que lhe é conatural e próprio, diz respeito ao seu aperfeiçoamento moral, como único ente, cujo *ser* é o seu *dever ser*, como tal capaz de modelar-se segundo influências subjetivas e sociais, mas afirmando a sua liberdade instauradora de algo original.[90]

Ao se interpretar o bem comum como um fim social, por derivação lógica, entende-se que a sociedade tem uma finalidade, existe em função de algo. Com base nos referenciais filosóficos já apresentados, é possível entender que a sociedade existe em função da pessoa, e, com isso, o fim da sociedade será necessariamente ético. O fim da sociedade com base nos dados ora apresentados será, de tal sorte, o desenvolvimento das potencialidades humanas, ou seja, ajudar o homem na consecução de seus fins existenciais.

O bem comum, assim, é fim social dinâmico, vinculado à natureza humana, que se manifesta por meio do conjunto de condições materiais e imateriais, disponibilizadas com base em princípios distributivos e participativos que possibilitarão, a cada indivíduo da sociedade, por esforço próprio e conduta necessariamente ética, o pleno desenvolvimento das potencialidades de sua personalidade.

Esse conceito de bem comum sintetiza um conjunto de efeitos que torna seu entendimento ainda mais preciso. Essa síntese, dentro do eixo teórico ora proposto, auxiliará o entendimento das consequências derivadas da leitura de bem comum pelo Direito Ambiental.

3.1.3 Aspectos do bem comum

O bem comum, como já verificado, é a finalidade ética da sociedade política. Essa finalidade ética do bem comum não permite sua aferição somente com base no processo de produção, acumulação e distribuição de riqueza, tampouco com base nos níveis de concentração, ou não, da riqueza em dada sociedade. Não se trata, sob nenhuma hipótese, de negar a materialidade da vida. Isso, em última análise, seria desconsiderar as lições de Aristóteles e de Tomás de Aquino sobre o tema. Trata-se, sim, de constatar que os citados elementos materiais são pressupostos para o desenvolvimento do homem, não o objetivo desse desenvolvimento.

---
[90] *Ibidem*, p. 235.

Esse pensamento é trabalhado por Amartya Sen em sua obra *Desenvolvimento como Liberdade*. Neste texto, o autor procura recuperar o entendimento de que as ferramentas econômicas ora presentes na sociedade devem ampliar a(s) liberdade(s) das pessoas, e não as tornar cativas daquela:

> Pela mesma razão, o crescimento econômico não pode sensatamente ser considerado um fim em si mesmo. O desenvolvimento tem de estar relacionado, sobretudo com a melhora da vida que levamos e das liberdades que desfrutamos. Expandir as liberdades que temos razão para valorizar não só torna nossa vida mais rica e mais desimpedida, mas também permite que sejamos seres sociais mais completos, pondo em prática nossas volições, interagindo com o mundo em que vivemos e influenciando esse mundo.[91]

Embora Sen refira-se a Aristóteles muito brevemente como um de seus referenciais teóricos (se comparado com os demais citados), o próprio reconhecimento da possibilidade de construção de *seres sociais mais completos* revela a proximidade desse autor com o eixo teórico que ora se apresenta.

Com essa perspectiva, é possível verificar que o bem comum não é determinado por elementos exteriores ao homem, e sim por elementos que lhe são próprios — por exemplo, o fato de seu pleno desenvolvimento só ser possível em meio a sociedade política. Vale destacar o posicionamento de Messner sobre o tema:

> Se bem que o seu fundamento radica na necessidade e capacidade de complementação dos indivíduos, o bem-comum não consiste primordialmente na acumulação sucessiva de bens e trabalho reunidos num fundo comum através dos indivíduos, nem na simples distribuição de bens extraídos dêsse fundo comum que os membros da sociedade constituíram com seus bens e trabalho. O bem comum consiste antes na possibilidade de os indivíduos, mediante a vinculação social *cumprirem, graças às suas energias* e *sob sua própria responsabilidade*, as missões vitais traçadas aos membros da sociedade pelos fins existenciais.[92]

O bem comum, logo, conjugado à natureza do homem e tendo a plena realização dessa mesma natureza como seu objeto será, a um só tempo,

---

[91] SEN, Amartya. **Desenvolvimento como Liberdade**. Tradução de Laura Texeira Motta. Revisão técnica de Ricardo Doniselli Mendes. São Paulo: Companhia das Letras, 2000. p. 29.
[92] MESSNER, [196-?], p. 167.

elemento de fundação e de justificação da sociedade política[93]. Resgatando a leitura finalística de Aristóteles de que todo ato se destina a um fim que lhe será ontologicamente anterior, tem-se que o bem comum é anterior à sociedade e suas estruturas.

Dessa característica ontológica derivam dois pontos importantes. Primeiro, o bem comum, embora real, possui elemento abstrato decorrente da própria natureza humana, que, como ressaltado por Tomás de Aquino, será ao mesmo tempo substancialmente física e metafísica.[94]

O bem comum, em um segundo ponto, não se concretiza de forma direta na sociedade política, mas estabelece o referencial ético a ser observado por suas estruturas e por aqueles que as compõem.

Tem-se, dessa forma, que o bem comum não se confunde com as estruturas da sociedade política. Tais estruturas, entre elas o Direito Ambiental, são instrumentos de realização do bem comum como finalidade do conjunto social. Em verdade, são os bens tutelados pelas estruturas sociais, sob a égide ética do bem comum[95], que revelarão os elementos concretos de consecução deste; por exemplo, o direito ao meio ambiente ecologicamente equilibrado, reconhecido no artigo 225 da Constituição Federal de 1988, é um dos elementos necessários para o pleno desenvolvimento da personalidade humana, logo elemento de constituição do bem comum como ora proposto.

---

[93] SANTIAGO, 2002, p. 107.

[94] Vale lembrar que, para Tomás de Aquino, a identidade do homem é una, embora sua natureza seja física e espiritual.

[95] A observância do bem comum, como referencial ético pelas estruturas sociais, é importante na medida em que busca lastro na natureza do homem e na plena realização de sua personalidade, e não em um entendimento datado, taxativo e pretensamente completo de bem comum. O posicionamento de Pieper não permite dúvida quanto ao perigo em se engendrar tal entendimento: "Se comprueba entoces que no puede agotarse definitivamente el tema, ya que ello supondría decir todo acerca de las posibilidades que encierra la comunidad humana y de cuál es en realidad su último fundamento. Y decir todo esto resulta imposible. [...] Sin embargo, ello no supone que no pueda decirse absolutamente nada sobre el contenido del bien común. En lo hay que insistir es en que lo que se diga no puede tener el carácter de exhaustivo y definitivo.
A primera vista tal vez se puedan considerar estas elucubraciones como "puramente académicas". En realidad, tienen gran actualidad, y en particular una actualidad política.
Propriedad esencial de todo régimen totalitario es que el poseedor del poder político tiene la pretensión de determinar de forma definitiva y exhaustiva el contenido concreto del "bonum commune". Lo fatal de los "planes quinquenales" no es el intento de determinar inter-relacionadamente la producción y los requerimientos. Lo verdaderamente fatal es hacer del "plan" el modelo exclusivo de toda la vida, tanto de la minería como de los planes docentes de las universidades, tanto de la utilización del tiempo libre como de la labor creadora del pintor, del poeta o del músico, de tal forma que todo aquello que no se adecue a este modelo se considere no justificado y se declare "socialmente no importante" e "indeseable", si no es que simplemente se prohíbe o se somete a opresión". (PIEPER, 1980, p. 24-25).

O reconhecimento de que é na natureza humana que está a origem do bem comum, e ainda, de que as estruturas das sociedades políticas não são a manifestação concreta daquele, tem por consequência a negação de qualquer hipótese, seja razão de governo, seja movimento político, que tenha como lastro a construção do bem comum com base na diminuição da dignidade da pessoa. Essa leitura, para Santiago[96], denuncia importantes características para análise do bem comum, quais sejam, seu conteúdo personalista, prático, difuso, limitado e ético.

> Personalista porque ratifica a centralidade da pessoa em qualquer perspectiva social. Difuso porque a observância do bem comum a todos aproveita, e limitado porque, segundo esse autor, restringe-se às ações aferíveis concretamente. A praticidade e a eticidade seriam próximas e complementares, explica-se. A identidade prática do bem comum revela-se na medida em que a realização das potencialidades da personalidade humana, finalidade daquele, dá-se necessariamente num contexto de relações intersubjetivas: Es siempre fruto de la acción libre y perfectiva del hombre en relación com otros hombres, de la presente y de las anteriores generaciones.[97]
>
> A identidade ética, por fim, emergiria na medida em que verifica que o bem comum não se legitima sob qualquer hipótese: Por tanto, el bien común está transido de eticidad tanto en cuanto a los fines como en cuanto a los medios a utilizar.[98]

A observância ética do bem comum, inclusive nos seus meios de realização, remete à *República* e à Ética *a Nicômaco*. Na *República* porque se identifica a justiça como um bem em si e por seus efeitos, e como isso suplanta a ideia de que parecer justo, como defendia Trasímaco, já seria o suficiente. Assim como somente por meio da prática de atos justos pode-se realizar a justiça, o bem comum só será realizado por meio de práticas que respeitem seu objeto, o homem. Do contrário, seria apenas uma *aparência* de bem comum.

Em Ética *a Nicômaco*, Aristóteles já descrevia a ética como uma filosofia prática da ação humana. Ou seja, a ética não é um fim a ser alcançado, mas elemento a ser observado em toda conduta humana. O entendimento ético do bem comum, por conseguinte, traz reflexos não só no seu caráter

---

[96] SANTIAGO, Afonso (h.) **Bien común y derecho constitucional**: El personalismo solidário como techo tecnológico del sistema político. Bueno Aires: Editorial Ábaco de Rodolfo Depalma, 2002. p. 107- 111.
[97] *Ibidem*, p. 108.
[98] *Ibidem*, p. 108 -109.

de fim social, mas também nas estruturas que o viabilizarão em seu condão de permitir o pleno desenvolvimento da personalidade humana.

Messner descreve a centralidade da pessoa no bem comum considerando este subsidiário à natureza daquele. O bem comum existe pelo homem, e não o contrário. Nas palavras do autor: "Estando ligado aos fins existenciais, o bem-comum só se pode tornar real dentro da ordem dos fins. E isto significa antes de mais nada que a pessoa humana nunca pode vir a ser simples instrumento do bem-comum, sem que êste se veja sacrificado nos seus fundamentos essenciais".[99]

Reconhecido o papel central do indivíduo na sociedade política, e o papel subsidiário do bem comum, impõe-se a necessidade de verificar a relação entre bem comum e bem particular.

Se o conceito de bem comum, ora adotado, tem como linha mestra a realização das potencialidades da personalidade humana, por certo o bem comum não buscará a desconsideração da identidade individual. Busca-se, em verdade, a plena realização daquela. Existe, por conseguinte, uma necessária complementaridade entre o bem particular e o bem comum.

O bem comum é elemento que revela a identidade comum do homem. Sua força como ponto de união do gênero humano vem da leitura ora apresentada de que ele não é mera composição de interesses, e sim elemento decorrente da própria natureza humana e, por isso, ontologicamente anterior à sociedade. É possível resgatar, neste momento, o conceito de bem para Platão, qual seja, o bem como sendo a ação do *Uno* sobre a *Díade*, o reconhecimento da unidade-na-multiplicidade. Utz, a exemplo de Messner, ratifica o entendimento que o bem comum não se identifica na necessidade, mas na natureza do homem: "No es la dependencia recíproca, sino la misión común encomendada por la naturaleza, lo que fundamenta la naturaleza social en sentido proprio".[100]

O bem particular, por outro lado, será ponto de reconhecimento da singularidade de cada ser humano no todo social. Sem o reconhecimento dessa singularidade, não se pode trabalhar a realização do indivíduo em sociedade. Ou ainda, o não reconhecimento da singularidade do indivíduo subverte a lógica de que é em função deste que a sociedade política existe. A consequência disso é a possibilidade de o indivíduo ser subsidiário ao bem comum, e não este àquele.

---

[99] MESSNER, [196-?], p. 193.
[100] UTZ, 1961, p. 133.

Existe, portanto, uma diferença qualitativa, e não quantitativa, entre bem comum e bem particular. O bem comum tem lastro na natureza comum do homem; já o bem particular tem lastro na singularidade representada pelo indivíduo na sociedade política.

Messner sintetiza o caráter complementar que existe entre esses elementos:

> Para especificarmos esta diferença, temos já os seguintes elementos: o bem do todo social é uma realidade supra-individual; o bem da pessoa humana é uma realidade supra-social. O bem comum é o bem do todo social, tendo por partes dêle o bem particular dos respectivos membros; o bem particular é o bem do indivíduo no seu ser plenamente humano, possibilitado pela cooperação social.[101]

O bem comum, logo, traz em seu conteúdo a realização dos bens particulares, assim como os bens particulares somente por meio do bem comum são plenamente realizáveis e legítimos. Essa visão contrapõe-se ao entendimento de conteúdo individualista do bem comum, o qual entende que este corresponde à soma dos bens individuais, ou, ainda, que o bem comum estará tão mais próximo de ser realizado quanto mais aferíveis, quantitativamente, forem os bens individuais em sociedade.

Diverge, também, de uma visão centralizada no coletivismo ou na redução do papel do indivíduo; ou seja, não corrobora a leitura de que o bem do indivíduo é tão somente a participação no bem coletivo.

Dessa complementaridade entre bem comum e bem individual emergem, naturalmente, tensões e conflitos próprios não só das relações sociais como da própria natureza humana. O importante, sobretudo, é que essa dinâmica é capaz de revelar o caráter plural do bem comum como elemento ético. Esse conteúdo plural verifica-se em seu próprio objeto, qual seja, a plena realização da personalidade humana.

Adota-se, pois, como conceito de bem comum a ser interpretado pelo Direito Socioambiental o decorrente do acúmulo histórico e filosófico de Platão, Aristóteles e Tomás de Aquino, conforme já indicado no subcapítulo 3.1.2. Reconhecendo na ética, na centralidade da pessoa, na sua função subsidiária, no seu caráter difuso e na sua pluralidade seus aspectos determinantes.

---

[101] MESSNER, op. cit., p. 196.

3.2 Direitos Humanos e meio ambiente

O meio ambiente é elemento fundamental na constituição da sociedade e, por consequência, do próprio homem. Primeiro porque se apresenta como suporte físico da própria vida; ou nas palavras de José Afonso da Silva: "O meio ambiente é, assim, a interação do conjunto de elementos naturais, artificiais e culturais que propiciem o desenvolvimento equilibrado da vida em todas as suas formas".[102] Segundo porque é da interação do homem com seu entorno que decorrerão aspectos importantes da cultura na sociedade política.

O meio ambiente como questão da vida humana, portanto, existe desde quando o homem se mostra capaz de teorizar, ou questionar racionalmente, sua vida em sociedade, exemplo evidente encontra-se em passagem da *Política* de Aristóteles:

> §1. Anteriormente ficou expresso que a cidade precisa ter comunicações fáceis com a terra e com o mar e, na medida do possível, com todas as partes do território. Contudo, a fim de que a sua situação seja, relativa a si própria, tão vantajosa quanto o desejável, é necessário considerar quatro coisas: primeiramente, a salubridade, como condição indispensável.[103]

Ou ainda:

> § 3. Porque se deve garantir a saúde dos moradores — e o que mais favorece é a localização da cidade em ponto certo, e a uma exposição prevista —, pois é necessário, em seguida, servir-se somente de águas saudáveis, devendo-se lutar por esses dois objetivos sem nenhum desfalecimento; pois o que com mais frequência e comumente serve à necessidade do corpo é exatamente o que mais favorece à saúde.[104]

Fica claro, pois, que a preocupação com a questão ambiental não é fruto do século 20. É nesse momento histórico, porém, que incidem sobre essa questão novos e importantes elementos, quais sejam: a leitura e análise da questão sob uma perspectiva necessariamente internacional, e ainda sua instrumentalização por uma perspectiva ética, a qual corrobora a leitura apresentada de bem comum.

---

[102] AFONSO DA SILVA, José, 2002, p. 20.
[103] ARISTÓTELES, 2002, p. 136.
[104] *Ibidem*, p. 137.

A inserção do meio ambiente como elemento na agenda internacional, entretanto, não se deu por si, mas antes por meio de uma teoria jurídica capaz de resgatar a compreensão de que os homens possuem não só deveres fundamentais diante do Estado, mas também direitos fundamentais a serem respeitados pelo seu ou por qualquer Estado, sob qualquer hipótese: trata-se da teoria contemporânea dos Direitos Humanos.

Tendo o século 20 como referência, a Segunda Guerra Mundial apresentou ao homem a possibilidade concreta de sua extinção. Num conflito sem precedentes, verificou-se a perigosa combinação de força militar, avanço tecnológico e do entendimento da vida humana como meio para realização de políticas de Estado. Hobsbawm denuncia essa instrumentalização da vida humana:

> Foi também, e demonstravelmente, uma luta de vida e morte para a maioria dos países envolvidos. O preço da derrota frente ao regime nacional-socialista alemão, como foi demonstrado na Polônia e nas partes ocupadas da URSS, e pelo destino dos judeus, cujo extermínio sistemático foi se tornando aos poucos conhecido de um mundo incrédulo, era a escravização e a morte. Daí a guerra ser travada sem limites. A Segunda Guerra Mundial ampliou a guerra maciça em guerra total.
>
> Suas perdas são literalmente incalculáveis, e mesmo estimativas aproximadas se mostram impossíveis, pois a guerra (ao contrário da Primeira Guerra Mundial) matou tão prontamente civis quanto pessoas de uniforme, e grande parte da pior matança se deu em regiões, ou momentos, em que não havia ninguém a postos para contar, ou se importar.[105]

Uma das consequências normativas da Segunda Guerra foi a proclamação, pela Assembleia Geral das Nações Unidas, em data de 10 de dezembro de 1948, da Declaração Universal dos Direitos Humanos. Não se trata mais de verificar a fundamentação dos princípios e direitos descritos na declaração, como bem aponta Noberto Bobbio, e sim de como efetivá-los.[106] A retomada da análise daqueles princípios, no entanto, é importante na medida em que revela aspectos da Declaração Universal dos Direitos Humanos que fundamentarão a inserção do meio ambiente

---

[105] HOBSBAWM, Eric. **Era dos Extremos**: o breve século XX – 1914 – 1991. 2. ed. São Paulo: Companhia das Letras, 2001. p. 50.

[106] "O problema fundamental em relação aos direitos do homem, hoje, não é tanto o de *justificá-los*, mas o de protegê-los. Trata-se de um problema não filosófico, mas político". (BOBBIO, 1992, p. 24).

na agenda internacional; como se depreende da atenta leitura e análise do artigo primeira daquela Declaração.[107]

O primeiro aspecto revelado pelo referido artigo é a identificação de elementos natos a todos os seres humanos, a liberdade, a igualdade e a racionalidade. Emerge, pois, a busca por um *mínimo denominador comum* entre os seres humanos, ou ainda, numa leitura platônica, a essência do homem.

Identifica-se, como segundo aspecto, uma determinação de cunho ético, o agir fraternalmente diante do próximo. Essa determinação é complementar aos três elementos citados, e é nessa complementariedade que se identifica a influência do ato filosófico de Aristóteles.

De nada valeria a identificação dos elementos comuns a toda humanidade se essa identidade não se instrumentalizasse de forma a viabilizar a própria humanidade, como afirma Aristóteles em *Política*:

> Essas instituições todas são obra de uma benevolência mútua. É a amizade que leva os homens à vida social. A finalidade do estado é a felicidade na vida. Todas essas instituições visam a felicidade. A cidade é uma reunião de famílias e pequenos burgos que se associam para desfrutarem juntos uma existência inteiramente feliz e independente. Contudo, bem viver, de acordo com nosso modo de pensar, é viver venturoso e com virtude. É necessário, portanto, admitir em princípio que as ações honestas e virtuosas, e não apenas a vida comum, são a finalidade da sociedade política.[108]

Aristóteles, em passagem seguinte da mesma obra, já destacava sobre a virtude o que veio a ser corroborado por Noberto Bobbio quanto à efetividade dos Direitos Humanos: "É necessário ter não apenas a virtude, mas ainda o poder de colocá-la em ação".[109]

O terceiro aspecto a ser observado decorre dos dois anteriormente citados e é trabalhado na teorização contemporânea dos Direitos Humanos, qual seja, a impossibilidade de se determinar de modo taxativo o conteúdo dos Direitos Humanos, seja qual for a esfera de poder político. Assim como Pieper dá suporte à ideia de que é impossível exaurir o conteúdo do bem comum, conforme indicado no subcapítulo 3.1.3, Noberto Bobbio defende a ideia de que os direitos citados na Declaração são tão somente exemplificativos:

---

[107] "Artigo 1º Todas as pessoas nascem livres e iguais em dignidade e direitos. São dotadas de razão e consciência e devem agir em relação umas às outras com espírito de fraternidade". (VILHENA, 2001, p. 16).
[108] ARISTÓTELES, 2002, p. 94.
[109] *Ibidem*, p. 124.

> A expressão direitos do homem, que é certamente enfática - ainda que oportunamente enfática, pode provocar equívocos, já que faz pensar na existência de direitos que pertencem a um homem abstrato e, como tal, subtraídos ao fluxo da história, a um homem essencial e eterno, de cuja contemplação derivaríamos o conhecimento infalível dos seus direitos e deveres. Sabemos hoje que também os direitos ditos humanos são o produto não da natureza, mas da civilização humana; enquanto direitos históricos, eles são mutáveis, ou seja, suscetíveis de transformação e de ampliação.

Fruto positivo dessa posição é a franca abertura para o questionamento político e filosófico, para a mobilização social e para a conquista jurídica de novos direitos que integrarão o rol dos Direitos Humanos, e como bem grifou o autor, de forma sempre a ampliar qualitativamente o conjunto de tais direitos.

É possível questionar, por outro lado, a cisão feita entre o papel desempenhado pela natureza humana e pela civilização humana como fonte dos Direitos Humanos. Caso se reconheça essa cindibilidade, estar-se-á, como já alertado em momentos anteriores deste trabalho, desconsiderando o acúmulo histórico e filosófico tanto de Aristóteles, como de Tomás de Aquino sobre a identidade una do homem, ainda que este possua uma natureza composta substancialmente por dois elementos.

Ponto fundamental que acaba por denunciar a impossibilidade de separar a natureza humana da civilização humana como fonte dos direitos humanos é apresentado pelo próprio autor: a permanente ampliação qualitativa do rol dos Direitos Humanos. Não fosse a natureza humana, em conjunto com a civilização, responsável pelos Direitos Humanos, poder-se-ia imaginar retrocessos históricos, momentâneos ou não, capazes de reduzir este rol de direitos. Passagem que ilustra essa possibilidade de regressão no processo civilizatório é apresentada por Hobsbawn:

> Sem dúvida, tanto a totalidade dos esforços de guerra quanto a determinação de ambos os lados de travá-la sem limites e a qualquer custo deixaram a sua marca. Sem isso, é difícil explicar a crescente brutalidade e desumanidade do século XX. Sobre essa curva ascendente de barbarismo após 1914, não há, infelizmente, dúvida séria. No início do século XX, a tortura fora oficialmente encerrada em toda a Europa Ocidental. Depois de 1945, voltamos a acostumar-nos, sem

> grande repulsa, a seu uso em pelo menos um terço dos Estados Membros das Nações Unidas, incluindo alguns dos mais velhos e civilizados.[110]

Bobbio mesmo indicando a historicidade do processo civilizatório e, por conseguinte, a historicidade dos Direitos Humanos, reconhece que é da investigação jusfilosófica da natureza humana, exercida pelo Direito Natural, que se originam, ao menos em parte, os Direitos Humanos:

> Somos tentados a descrever o processo de desenvolvimento que culmina da Declaração Universal também de um outro modo, servindo-nos das categorias tradicionais do direito natural e do direito positivo: os direitos do homem nascem como direitos naturais universais, desenvolvem-se como direitos positivos particulares, para finalmente encontrarem sua plena realização como direitos positivos universais.[111]

Com isso não se pretende negar que o acúmulo histórico e o processo civilizatório, como defendido por Noberto Bobbio, não sejam elementos fundamentais na construção dos Direitos Humanos, mas sim que tais elementos não são os únicos. A eles agrega-se um conteúdo valorativo que decorre do questionamento e/ou busca da finalidade (bem) comum do homem. Flávia Piovesan, que adota o entendimento de Bobbio sobre a historicidade dos Direitos Humanos, aponta também o forte conteúdo valorativo, e não somente o acúmulo histórico, presente na Declaração Universal. Com isso, curiosamente, verifica-se que o marco jurídico que veio "responder" às atrocidades da Segunda Guerra Mundial, o fez como forma de resgate ético do processo civilizatório:

> No momento em que os seres humanos se tornam supérfluos e descartáveis, no momento em que vige a lógica da destruição, em que cruelmente se abole o valor da pessoa humana, torna-se necessária a reconstrução dos direitos humanos através da negação do valor da pessoa humana como valor fonte do Direito. Diante desta ruptura, emerge a necessidade de reconstrução dos direitos humanos, como referencial e paradigma ético que aproxime o direito da moral. Neste cenário, o maior direito passa a ser, adotando a terminologia de Hanna Arendt, o direito a ter direitos, ou seja, o direito a ser sujeito de direitos.[112]

---

[110] HOBSBAWN, 2001, p. 56.
[111] BOBBIO; MATTEUCCI; RAQUINO, 2002, p. 30.
[112] PIOVESAN, Flávia. **Direitos Humanos e o Direito Constitucional Internacional**. 5. ed. São Paulo: Editora Max Limonad, 2002. p. 132.

Percebendo-se que a teorização dos direitos humanos, esboçados pela Declaração, busca um elemento comum a toda humanidade, um conteúdo necessariamente ético, e, ainda, reconhecem a impossibilidade de exaurir o conteúdo dos elementos necessários para preservar esse elemento comum à humanidade; um questionamento, entretanto, ainda se faz necessário: como protegê-los?[113]

É o mecanismo de proteção dos direitos humanos, e a mudança jurídica que a ele se agrega, que fundamentou e deu, posteriormente, visibilidade ao meio ambiente a ponto de torná-lo tema da agenda internacional.

Como verificado, a Declaração representou não somente uma resposta jurídica aos horrores da Segunda Guerra Mundial, mas também uma ratificação da importância da ética no processo histórico da humanidade.

Esse resgate ético-jurídico propõe-se universal e tem no homem a âncora de tal universalidade. A aplicação, a defesa e a garantia dos direitos indicados na Declaração Universal, como consequência, não podem ter seu lastro de legitimidade em regimes políticos, modelos econômicos, formas de governo ou crenças religiosas. O homem surge como âncora da universalidade de seus direitos e da sua própria existência, nada mais, e passa a ser o único elemento necessário para o reconhecimento daqueles. Nessa lógica o homem passa a ser sujeito de direito internacional, não apenas objeto desse direito. A teorização dos direitos humanos após a Segunda Guerra reconhece no homem histórico e individualizado um agente do sistema internacional[114].

Essa nova leitura jurídica do homem demanda tanto dos Estados, como da Comunidade Internacional, uma nova forma de conduta com duas importantes consequências. A primeira é a verificação que o estabelecimento de uma referência ética para a humanidade faz com que o homem histórico regresse ao papel de finalidade da sociedade política, como já preconizavam Aristóteles e Tomás de Aquino. A segunda é uma nova compreensão da função da soberania do Estado.

Verificando-se o homem como sujeito do direito internacional e destinatário da sociedade política, sob nenhuma hipótese a soberania poderá

---

[113] "O problema fundamental em relação aos direitos do homem, hoje, não é tanto o de *justificá-los,* mas o de *protegê-los.* Trata-se de um problema não filosófico, mas político". (BOBBIO, 2002, p. 24).

[114] É importante não perder de vista que a historicidade e a individualidade do homem reconhecida pela teoria dos Direitos Humanos não se fazem para que este atenda ao mundo de forma imediata, mas, sobretudo, para que esse homem historicamente determinado, com base em referenciais éticos comuns a toda humanidade, possa ampliar a civilização e não cometer retrocessos históricos como os experimentados durante a Segunda Grande Guerra.

ser exercida de forma a diminuir e/ou suplantar o indivíduo. Juridicamente essa não permissão de diminuição e/ou suplantação do indivíduo traduz-se na positivação de direitos antes tidos como naturais; como indicado por Noberto Bobbio, numa perspectiva nacional:

> Quando os direitos do homem eram considerados unicamente como direitos naturais, a única defesa possível contra a sua violação pelo Estado era um direito igualmente natural de resistência. Mais tarde, nas Constituições que reconheceram a proteção jurídica de alguns desses direitos, o direito natural de resistência transformou-se no direito positivo de promover uma ação judicial contra os próprios órgãos do Estado.[115]

Flávia Piovesan, numa perspectiva internacional, corrobora o exposto:

> Nasce ainda a certeza de que a proteção dos direitos humanos não deve se reduzir ao âmbito reservado de um Estado, porque revela tema de legítimo interesse internacional. Sob este prisma, a violação dos direitos humanos não pode ser concebida como uma questão doméstica do Estado, mas deve ser concebida como um problema de relevância internacional, como uma legítima preocupação da comunidade internacional. [...]
>
> O processo de internacionalização dos direitos humanos — que, por sua vez, pressupõem a delimitação da soberania estatal — passa, assim, a ser uma importante resposta nesta busca de reconstrução de um novo paradigma, diante do repúdio internacional às atrocidades cometidas no Holocausto.[116]

A referida Declaração e a construção teórica dos direitos humanos, após a Segunda Guerra Mundial, são importantes para a inserção do meio ambiente na agenda internacional, dessa forma, por quatro importantes elementos.

O primeiro elemento é a tentativa de representar juridicamente a identificação de uma essência humana, ou seja, a busca da verificação da identidade humana a despeito de cultura, língua, credo, etnia, prática sexual ou política, ou ainda, país em que reside. Essa busca assemelha-se à libertação descrita por Platão no mito da caverna. Quando se pretende a proteção da vida e dignidade humana, todos os elementos anteriormente citados não passam de sombras projetadas. Somente libertando-se de tais

---
[115] BOBBIO, op. cit., p. 31.
[116] PIOVESAN, 2002, p. 132-133.

sombras é possível a contemplação do bem, ou seja, é possível verificar que na multiplicidade dos homens individuais existe um elemento uno que remete a uma identidade comum da humanidade.

O segundo elemento é o conteúdo fundamentalmente ético da Declaração. Nesse ponto é perfeitamente possível a construção de uma perspectiva com base no ato filosófico de Aristóteles. A identificação desse elemento comum que dá lastro à unidade de todos os homens não é o ponto de chegada, mas sim elemento de partida para adequação da conduta humana de forma a preservar aquele. Quando o artigo primeiro da Declaração reconhece que todas as pessoas são dotadas de razão, tem-se por consequência que é por meio da racionalidade que as condutas humanas devem ser adotadas e valoradas. Essa racionalidade, contudo, não é absoluta. Deve ser exercida de forma virtuosa, ética. Não é surpresa, pois, que o artigo primeiro da Declaração se encerra da seguinte forma: "São dotadas de razão e consciência e devem agir em relação umas às outras com espírito de fraternidade".

O terceiro elemento é a constatação, feita pela construção teórica dos Direitos Humanos após a Segunda Guerra, de que o rol de direitos contidos na Declaração é exemplificativo, e não taxativo. Ou seja, o conteúdo dos direitos humanos, bem como do bem comum, não poderá ser exaurido na medida em que o homem está inserido em um processo histórico, e, com isso, novas demandas deverão surgir para ampliar e fazer progredir a proteção ao homem e à sua inerente dignidade. Essa constatação resgata a importância do ato filosófico de Tomás de Aquino.

Como já indicado, a revelação filosófica de Tomás de Aquino, quando analisada na perspectiva da Igreja, resgatou a identidade una do homem, embora reconhecesse que aquela possui dois elementos substancialmente ligados. Em um momento no qual movimentos religiosos viam o mundo material como fruto do pecado e, consequentemente, que o caminho da salvação cristã estava na renúncia do material e o apego ao espiritual somente; Tomás de Aquino resgata que o homem é corpo *e* alma e que a materialidade do mundo também revela Deus na medida em que ele é a causa primeira de todas as coisas.

Dessa perspectiva verifica-se que o reconhecimento da identidade comum do homem é tão importante quanto à constatação de que essa identidade se manifesta por meio de um corpo em um dado momento histórico. Com isso, a proteção do homem e de sua dignidade dá-se com base no imutável, a essência humana, mas instrumentaliza-se por meio da mutabilidade identificada no processo de ampliação e progresso do rol de direitos presentes na Declaração. Daí surge a possibilidade histórica de superação das *sombras* representadas pela falsa dicotomia entre liberdade e igualdade[117], assim como Tomás de Aquino já havia apontado a falsidade da dicotomia entre o corpo e a alma.

O quarto elemento é o reconhecimento da pessoa como destinatária da sociedade política. Uma vez que a Declaração revela elementos que identificam a unidade-na-multiplicidade, ou a identidade comum do homem; condiciona a racionalidade à ética, e, ainda, verifica que o processo histórico poderá agregar-lhe novos direitos; o que se tem é a construção de uma teoria jurídica que resgata o homem como finalidade, e não como meio para a consecução de qualquer fim.

Nessa construção jurídica, o homem é alçado à categoria de sujeito de direito internacional e a violação dos direitos humanos. Com isso, independentemente de onde ocorra, é assunto de legítimo interesse da comunidade internacional. Tem-se, assim, uma nova leitura da soberania e seus limites para o Estado, seja no exercício do poder em face de nacionais ou estrangeiros.

É importante destacar, por fim, que a Declaração revela em seus 30 artigos um conjunto de direitos que podem ser identificados como ferramentas de construção do bem comum como apresentado no presente estudo. Exemplo notório é o artigo 22:

> Artigo 22 - Toda pessoa, como membro da sociedade, tem direito à segurança social à realização, pelo esforço nacional, pela cooperação internacional e de acordo com a organização e recursos de cada Estado, dos direitos econômicos, sociais e culturais indispensáveis à sua dignidade e ao livre desenvolvimento de sua personalidade.[118]

---

[117] "Ao conjugar o valor da liberdade com o valor da igualdade, a Declaração demarca a concepção contemporânea de direitos humanos, pela qual esses direitos passam a ser concebidos como uma unidade interdependente e indivisível. [...]
Vale dizer, sem a efetividade dos direitos econômicos, sociais e culturais, os direitos civis e políticos se reduzem a meras categorias formais, enquanto que, sem a realização dos direitos civis e políticos, ou seja, sem a efetividade da liberdade entendida em seu mais amplo sentido, os direitos econômicos, sociais e culturais carecem de verdadeira significação. Não há mais como cogitar da liberdade divorciada da justiça social, como também infrutíferos pensar na justiça social divorciada da liberdade. Em suma, todos os direitos humanos constituem um complexo integral, único e indivisível em que os diferentes direitos estão necessariamente inter-relacionados e são interdependentes entre si". (PIOVESAN, 2002, p. 149 e 151).

[118] VILHENA, Oscar Vieira (org.) **Direitos Humanos**: Normativa Internacional. São Paulo: Editora Max Limonad, 2001. p. 19.

Ocorre, porém, que o meio ambiente não está previsto, ao menos de forma explícita, como um dos elementos que sustentam a vida humana e sua dignidade. Demonstrar como se dá essa inserção do meio ambiente na agenda internacional, por meio dos fundamentos teóricos presentes na teoria contemporânea dos direitos humanos, é o que se pretende a seguir.

3.2.1 O meio ambiente na agenda internacional

Como já indicado no item anterior, a questão ambiental não é um tema exclusivo do século 20, e sim uma constante dentro do pensamento investigativo acerca da sociedade. Vem da antiguidade aos dias presentes. O século 20, porém, produziu a Segunda Guerra Mundial e, com suas trágicas consequências, forjou um novo momento em todos os campos do conhecimento humano o que, evidentemente, inclui o Direito. A visão pós-Segunda Guerra dos Direitos Humanos trouxe importantes mudanças para o Direito, acontecendo o mesmo com a tutela jurídica do meio ambiente.

A relação entre o meio ambiente e o Direito era, até a Segunda Guerra, uma relação essencialmente utilitarista. As leis nacionais, bem como os tratados entre países, que existiam acerca do assunto, trabalhavam-no de forma a viabilizar, com racionalidade econômica, a exploração de determinado recurso natural, ou, ainda, pretendiam impedir que a exploração do ambiente inviabilizasse outras áreas da economia.

Guido Soares retrata com clareza a lógica de então:

> Sendo assim, já no século XX, porém antes da Grande Guerra, as convenções internacionais sobre temas do meio ambiente eram eminentemente utilitárias e diziam respeito ao comércio mundial de certas espécies animais, com finalidades de preservação dos indivíduos, para fins de exploração econômica. O exemplo típico pode ser visto como o caso da Convenção de 1883, assinada em Paris, para a proteção das focas de pele do Mar de Behring; tal convenção nada mais pretendia, conforme a visão daquela época, senão impedir a extinção da espécie, não pela idéia de preservação do equilíbrio ecológico, mas em função de uma regulamentação do mercado internacional de peles de luxo.[119]

A perspectiva estritamente utilitarista de preservação do meio ambiente tinha evidente conteúdo econômico, portanto. Essa carac-

---

[119] SOARES, Guido Fernando Silva. **Direito Internacional do Meio Ambiente**: Emergência, Obrigações e Responsabilidades. São Paulo: Editora Atlas, 2001. p. 42-43.

terística, ainda presente em alguns mecanismos atuais de proteção do meio ambiente, continua sendo objeto de agudas críticas, as quais contribuem para um melhor entendimento da nova leitura proposta para a questão ambiental após a Segunda Guerra. A crítica quanto ao modo reducionista com que a ciência moderna pretendia dominar a natureza, segundo Vandana Shiva[120] e Boaventura dos Santos[121], por exemplo, é fundamental nesse sentido.

Isso não significa que após a Segunda Guerra o meio ambiente passou a ser visto como um fim em si; pelo contrário, reconheceu-se sua função subsidiária. A grande mudança ocorreu, no entanto, com o reconhecimento de que mais do que base para a economia, o meio ambiente é base para a vida humana. A obviedade da afirmação nada possui de ingênua. É na medida em que a possibilidade real de extinção da espécie se faz presente que o sentimento de urgência dá novo impulso à temática. É nessa perspectiva que emerge a aproximação entre Direitos Humanos e meio ambiente, e, ainda, é nesse sentido que o meio ambiente começa a ser considerado ponto fundamental da agenda internacional.

A vida humana, contudo, não se reduz ao ato de produzir e consumir. A Declaração Universal dos Direitos Humanos, como já verificado, traz um conjunto inseparável de direitos que visam à preservação da vida e da dignidade humana de forma ampla e progressiva. Nesse contexto o meio ambiente será a base física que possibilitará o pleno desenvolvimento da vida humana, seja em sua inalienável liberdade e igualdade, como preconiza a Declaração, seja em seu corpo e sua alma, como reconhecia Tomás de Aquino. Não há, portanto, na nova leitura da questão ambiental, uma natureza subjugada ao homem, e sim um homem que deve integrar-se à natureza e dela tirar seu sustento, reconhecendo, ainda, os limites próprios de cada um. Trindade expõe essa aproximação necessária entre Direitos Humanos e meio ambiente:

---

[120] "O reducionismo foi escolhido como paradigma preferido para o controle econômico e político da diversidade na natureza e na sociedade. [...]".
Esse reducionismo tem implicações epistemológicas, éticas, ecológicas e socioeconômicas.
Em termos epistemológicos, ele conduz a uma visão mecanicista do mundo e de sua rica diversidade de formas de vida. Faz-nos esquecer que os organismos vivos organizam a si próprios. Roubam-nos a capacidade de reverenciar a vida e sem essa capacidade a proteção das diferentes espécies neste planeta torna-se impossível". (SHIVA, 2001, p. 52-54).

[121] "A promessa da dominação da natureza, e do uso para o benefício comum da humanidade, conduziu a uma exploração excessiva e despreocupada dos recursos naturais, à catástrofe ecológica, à ameaça nuclear, à destruição da camada de ozônio, e à emergência da biotecnologia, da engenharia genética e da conseqüente conversão do corpo humano em mercadoria última". (SANTOS, 2001, p. 56).

Cabe promover a justa harmonia nas relações dos seres humanos entre si, e a plena integração destes com a natureza. O foco de atenção deverá, neste propósito, transcender a questão dos recursos naturais e sua exploração pela qual tendem a inclinar-se muitos governos, para alcançar o tema crucial das condições de vida, do bem-estar da população; esta visão antropocêntrica favorece a aproximação entre os universos dos direitos humanos e do direito ambiental.[122]

Aliando-se a esse entendimento, Guido Soares identifica que, à luz dos Direitos Humanos, a questão ambiental ganhou nova exposição no cenário internacional por meio de outros dados, quais sejam: o surgimento da mídia como fenômeno de massa, a tensão bélica propiciada pelo fim da Segunda Guerra e o início da Guerra Fria, as catástrofes ambientais produzidas pelo homem, a poluição não limitada às fronteiras políticas de cada país e o reconhecimento da ONU como fórum de políticas mundiais.[123]

Tais elementos fizeram com que no século 20, a década de 60 fosse considerada um "divisor de águas" no modo como a comunidade internacional entendia a questão ambiental. A mídia, como um fenômeno de massa, possibilitou o surgimento, ao menos nos países centrais da comunidade internacional, de uma opinião pública acerca do tema.[124] A corrida armamentista, diretamente ligada à Guerra Fria, apresentava de modo muito concreto a possibilidade de uma guerra nuclear da qual todos sairiam derrotados. A intensa industrialização[125] do mundo, aliada à revolução tecnológica, possibilitou grandes conquistas,

---

[122] TRINDADE, Antonio Augusto Cançado. **Direitos Humanos e Meio Ambiente**: Paralelo dos Sistemas de Proteção Internacional. Porto Alegre: Sérgio Antonio Fabris Editor, 1993. p. 24-25.

[123] SOARES, 2001, p. 45-46.

[124] Cita-se, como exemplo, o livro *Silent Spring*, publicado em 1962, de autoria de Rachel Carson, que alertou a sociedade sobre os perigos que as práticas agrícolas fundamentadas em produtos químicos poderiam trazer para a saúde das pessoas e para o equilíbrio ecológico.

[125] Podem-se perceber duas perspectivas distintas desse fenômeno nas obras de Hobsbawn e Guido Soares. Essas diferenças, contudo, não refletem contrariedade de pensamento, e sim necessária complementaridade entre a visão histórica de um dado momento social e suas conseqüências no direito internacional. As seguintes passagens servem como exemplos:
"Mal se notava ainda um subproduto dessa extraordinária explosão, embora em retrospecto ele já parecesse ameaçador: a poluição e a deteriorização ecológica. Durante a Era de Ouro, isso chamou pouca atenção, a não ser de entusiastas da vida silvestre e outros protetores de raridades humanas e naturais, porque a ideologia de progresso dominante tinha como certo que o crescente domínio da natureza pelo homem era a medida mesma do avanço da humanidade".
"Na verdade, longe de se preocupar com o meio ambiente, parecia haver motivos de autossatisfação, pois os resultados da poluição do século XIX davam lugar à tecnologia e consistência ecológica no século XX. A simples proibição do uso do carvão como combustível em Londres, a partir de 1953, não aboliu, de um só golpe, o impenetrável *fog* tão conhecido dos romances de Dickens, que periodicamente cobria a cidade? Não havia mais uma vez, alguns anos depois, salmões nadando no outrora morto rio Tâmisa? Fábricas menores, mais limpas, espalhavam-se pelo campo, em vez das vastas usinas cobertas de fumaça que antes significavam "indústria". (HOBSBAWM, 2001, p. 257-256).

ao mesmo tempo que o insucesso acarretava desastres ambientais. Por fim, o fenômeno da descolonização de regiões da África e Ásia fez com que novos países fossem inseridos em organismos internacionais e, principalmente, na ONU. Com isso a Assembleia Geral da ONU tornou-se efetivamente mais plural em sua composição e mais ampla nos temas trabalhados.

Esse último ponto é de significativa importância. A inserção desses novos países na comunidade internacional inaugurou também novos pontos na agenda internacional, como a diminuição das diferenças econômicas entre países classificados, à época, como de primeiro e terceiro mundo. Diante da inatividade[126] do Conselho de Segurança da ONU, em tempos de Guerra Fria, a Assembleia Geral das Nações Unidas foi poderosa ferramenta na construção de consensos internacionais mínimos que pudessem viabilizar novas práticas políticas.

É nesse complexo cenário internacional que a trigésima terceira Assembleia Geral das Nações Unidas aprovou, conforme fora indicado pelo Conselho de Desenvolvimento Econômico e Social da ONU em 1968, a realização de uma Conferência Internacional Sobre Meio Ambiente Humano, a qual foi realizada em 1972 na cidade de Estocolmo, ou Conferência de Estocolmo, como ficou conhecida.

Nesse ponto é preciso se ter em mente que a construção de consensos, por um pressuposto lógico, tem como nascedouro a discordância entre as partes envolvidas na construção daquele. Embora o meio ambiente sadio tenha reflexos diretamente aferíveis para o não comprometimento da saúde dos seres humanos, o tema é terreno fértil para vários conflitos de interesse. Assim como a Conferência de Estocolmo é uma referência histórica para a definitiva inserção do meio ambiente na agenda internacional, ela também será exemplo dos conflitos de interesses entre Estados soberanos e reconhecidos pela comunidade internacional.

Hurrell e Kingsbury[127] reconhecem que o fato de o meio ambiente ser o elo comum da vida, ou ainda, numa linguagem própria das Relações Internacionais, elemento de interdependência entre os Estados, torna-o

---

"A partir de 1960, a movimentação dos Estados em favor de uma regulamentação global do meio ambiente foi notável. Até a data memorável do decênio de 5 a 15 de junho de 1972, quando se realizaria a Conferência das Nações Unidas sobre o Meio Ambiente Humano, em Estocolmo, várias convenções internacionais afirmariam a pujança do direito que então emergia, O Direito Internacional do Meio Ambiente, o qual teria sua certidão de maturidade plena firmada naquele evento na Suécia". (SOARES, 2001, p. 50).

[126] Idem.

[127] HURRELL, A.; KINGSBURY, B. (org.). **The International Politics of the Environment**: Actors, Interest and Institutions. Oxford: Oxford University Press, 1991. p. 37.

forte fonte de cooperação entre aqueles. Um dos problemas recorrentes na construção de grandes consensos internacionais acerca do tema, porém, é a distribuição dos custos decorrentes dos processos a serem adotados.

Custos, na forma há pouco indicada, não significa simples financiamento de programas ambientais, mas também os custos decorrentes de novas diretrizes de políticas econômicas, por exemplo. Guido Soares, nesse sentido, destaca que já na Conferência de Estocolmo houve significativa cisão entre países desenvolvidos e em desenvolvimento. Os países desenvolvidos pretendiam que a Conferência tivesse por foco o combate à poluição decorrente do processo de industrialização; já os países em desenvolvimento temiam que esse tipo de enfoque pudesse impossibilitar o desenvolvimento de suas economias nacionais.[128] Hurrell e Kingsbury possuem o mesmo entendimento de Guido Soares e destacam que daquele ponto em diante os países industrializados tiveram muito mais sucesso em sua política de trabalhar a questão ambiental com ênfase na poluição industrial que os países do sul em associar a poluição como mais um dos reflexos diretos da pobreza.[129]

A Declaração de Estocolmo sobre o Meio Ambiente Humano tem seu conteúdo, dessa forma, marcado por esses dois eixos de entendimento, o que, em verdade, não compromete sua função histórica de ter posicionado o meio ambiente como tema da agenda internacional de 1972 em diante. O quarto parágrafo dos proclames da referida Declaração é síntese da polaridade entre países em desenvolvimento e industrializados:

> En los países en desarrollo, la mayoría de los problemas ambientales están motivados por el subdesarrollo, Millones de personas siguen viviendo muy por debajo de los niveles

---

[128] "Já nas reuniões preparatórias à Conferência de Estocolmo, ficaria evidente a oposição entre países desenvolvidos e países em desenvolvimento: aqueles propugnavam por uma reunião em que se desse ênfase aos aspectos relativos à poluição da água, do solo e da atmosfera, derivada da industrialização (devendo, portanto, os países em desenvolvimento fornecer os instrumentos adicionais de prevenção aos desequilíbrios ambientais, em âmbito mundial, causados, nos séculos anteriores, por um desenvolvimento industrial caótico, na Europa Ocidental, nos EUA e Japão); os países em desenvolvimento, por outro lado, opuseram-se a que as eventuais políticas preservacionistas adotadas pudessem servir de instrumentos de interferência nos assuntos domésticos, além de não ter-se em mira que as mesmas acabariam por acarretar um arrefecimento das políticas internas de desenvolvimento industrial daqueles Estados, além de sua total falta de sensibilidade em relação aos custos envolvidos na adoção de medidas conservacionistas em termos mundiais (e não foi sem razão que os países africanos francófonos, na ocasião, forjaram o mote: Si vous voulez que nous soyons propres, payez-nous le savon!)". (SOARES, 2001, p. 53).

[129] "The capacity to determine the international agenda has rightly been identified as a particularly effective form of power. The industrialized countries have successively focused international attention on those issues which affect them most directly: marine pollution, ozone depletion, global climate change, biodiversity, and deforestation. By contrast, the states and peoples of the South have had less succes in securing prominence for environmental problema closely associated with development". (HURRELL; KINGSBURY, 1992, p. 37).

> mínimos necesarios para una existencia humana decorosa, privadas de alimentación y vestido, de vivienda y educación, de sanidad e higiene adecuadas. Por ello, los países en desarrollo deben dirigir sus esfuerzos hacia el desarrollo, teniendo presente sus prioridades y la necesidad de salvaguardar y mejorar el medio ambiente. Con el mismo fin, los países industrializados deben esforzarse por reducir la distancia que los separa de los países en desarrollo. En los países industrializados, los problemas ambientales están generalmente relacionados con la industrializaciónes y el desarrollo tecnológico.[130]

A Declaração de Estocolmo reflete nova perspectiva quanto à tutela jurídica do meio ambiente. Não se corrobora, por meio dela, a visão estritamente utilitarista de outrora, e sim o entendimento de que a questão ambiental é inerente aos Direitos Humanos. Sem isso, dificilmente se comporia um marco comum sobre o meio ambiente a toda humanidade, principalmente, num contexto em que a Guerra Fria "imobilizava" o Conselho de Segurança da ONU; e, ainda, em que se tornava clara a polarização de demandas econômicas existentes entre Estados industrializados e Estados em desenvolvimento.

O que se tem é o estabelecimento de uma dupla universalidade[131], uma ancorada no sujeito (Declaração Universal dos Direitos Humanos), outra na estrutura que permitirá o pleno desenvolvimento daquele e de suas futuras gerações (Declaração de Estocolmo Sobre Meio Ambiente Humano). Existe entre as citadas Declarações, portanto, não só conteúdo complementares, mas também valores correspondentes.

Com base no entendimento de bem comum depreendido do acúmulo histórico e filosófico de Platão, Aristóteles e Tomás de Aquino, a leitura que se tem de pleno desenvolvimento humano acarreta não só na sanidade física do sujeito, mas também na possibilidade de agir virtuosamente na sociedade política. Assim, do mesmo modo que não se pode, em nome do bem comum, ou dos Direitos Humanos, diminuir ou subjugar o indivíduo, a proteção do meio ambiente não poderá ser realizada ao arrepio dos direitos humanos.

---

[130] TRINDADE, 1993, p. 248

[131] "As evoluções paralelas da proteção dos direitos humanos e da proteção ambiental revelam algumas afinidades que não deveriam passar despercebidas. Ambas testemunham, e precipitam, a erosão gradual do assim chamado domínio reservado dos Estados. O tratamento pelo Estado de seus próprios nacionais torna-se uma questão de interesse internacional. A conservação do meio-ambiente e o controle da poluição tornam-se igualmente uma questão de interesse internacional. Ocorre um processo de *internacionalização* tanto da proteção dos direitos humanos quanto da proteção ambiental, a primeira a partir da Declaração Universal dos Direitos Humanos de 1948, a segunda - anos após - a partir da Declaração de Estocolmo sobre o Meio Ambiente Humano de 1972". (TRINDADE, 1993, p. 39).

Destaca, nesse sentido, José Afonso da Silva: "Esse novo direito fundamental foi reconhecido pela Declaração do Meio Ambiente, adotada pela Conferência das Nações Unidas, em Estocolmo, em junho de 1972, cujos 26 princípios constituem prolongamento da Declaração Universal dos Direitos do Homem".[132]

É, porém, no primeiro proclama da Declaração de Estocolmo que se revela qual o desenvolvimento humano a que se aspirava e o papel do meio ambiente em relação àquele:

> 1. El hombre es la vez obra y artífice del medio ambiente que lo rodea, el cual le da el sustento material y le brinda la oportunidad de desarrollarse intelectual, moral, social y espiritualmente. En la larga y tortuosa evolución de la raza humana en este planeta se há llegado a una etapa en que, gracias a la rápida aceleración de la ciencia y tecnología, el hombre há adquirido el poder de transformar, de innumerables maneras y en una escala sin precedentes, cuanto lo rodea. Los dos aspectos del medio ambientehumano, el natural y el artificial, son esenciales para el bienestar del hombre y para el goce de los derechos humanos fundamentales, incluso el derecho a la vida misma.[133]

Da passagem é possível a constatação de dois importantes momentos. Primeiro, o homem influi no ambiente em que está inserido da mesma forma que o ambiente projeta seus reflexos sobre o homem. Segundo, o desenvolvimento humano pretendido tem quatro eixos que, embora distintos, seriam indissociáveis, quais sejam, o intelectual, o moral, o social e o espiritual. Tem-se, em síntese, o pleno desenvolvimento da personalidade humana, conforme o referencial teórico exposto no presente estudo; iniciando-se junto à razão platônica, passando pela sociabilidade humana em Aristóteles, chegando à Tomás de Aquino e sua espiritualidade que reconhece e a colhe a dimensão material do mundo.

Assim, foi com a Conferência das Nações Unidas Sobre o Meio Ambiente Humano, realizada em junho de 1972, em Estocolmo, que o meio ambiente se concretizou como elemento da agenda internacional. O que só foi possível, diante de todas as dificuldades apresentadas, na medida em que o tema foi tratado como elemento necessário para a própria viabilização dos Direitos Humanos.[134]

---

[132] AFONSO DA SILVA, 2002, p. 58.
[133] TRINDADE, 1993, p. 247.
[134] "O recurso à noção de humanidade (mankind, human kind) prontamente traz à tona, ou situa toda a discussão dentro do âmbito dos direitos humanos, - o que deveria ser devidamente enfatizado, não deveria ficar implícito ou negligenciado como supostamente redundante. Assim como o direito, ou a própria norma jurí-

Pode-se identificar a força com a qual a questão ambiental passou a fazer parte da referida agenda, pelo intenso crescimento no número de tratados bilaterais e multilaterais firmados após a Declaração de Estocolmo Sobre o Meio Ambiente Humano[135], pelo modo paulatino com que o meio ambiente passou a integrar programas de partidos políticos de todas as matizes ideológicas, ou, ainda, pelo florescimento de organizações não governamentais dedicadas ao tema.

Conforme demonstrado, tanto os Direitos Humanos como o meio ambiente tendem ao universalismo, ou, em outros termos, buscam consensos que não encontrem barreiras políticas, ideológicas, religiosas ou econômicas para sua implantação. A proteção jurídica dos Direitos Humanos, assim, tem por lastro a vida e a dignidade em viver do homem; já a proteção jurídica do meio ambiente tem por lastro o fornecimento das condições ambientais não só para que haja a vida em dignidade, mas também para que o indivíduo possa desenvolver todos os elementos de sua personalidade.

Verifica-se, no entanto, que o crescimento da preocupação em torno do meio ambiente, bem como as soluções propostas para os problemas apresentados, não se desenvolveu ao redor de uma única ideia ou prática. A questão ambiental traz em si dois elementos complementares. Da mesma forma que Tomás de Aquino enfrentou a falsa dualidade existente entre o espiritual e o material, e a teoria contemporânea dos Direitos Humanos enfrentou a também falsa dualidade entre liberdade e igualdade, o trabalho realizado em face da questão ambiental deverá realizar-se na perspectiva do global com o local.

Abrem-se, com isso, na questão ambiental, possibilidades distintas de abordagens e entendimentos, não tanto pela falta de um consenso acerca da perspectiva universal do tema — por exemplo, um meio ambiente ecologicamente sadio e equilibrado é fundamental para a saúde do homem —, mas sim no modo como cada um dos envolvidos, na perspectiva local, deverá agir para construir aquele objetivo maior. Exemplo concreto de entendimentos distintos foi a já citada polarização de ideias econômicas entre países desenvolvidos e em desenvolvimento, verificada durante a realização da Conferência de Estocolmo.

Revela-se, com isso, que o universalismo que dá lastro à tutela jurídica do meio ambiente não garante, e nem poderia garantir, um único modo de abordagem do tema. Qualquer análise sobre um "ambientalismo", ou ainda

---

dica, não opera em um vácuo, a humanidade (mankind, human kind) não é uma abstração social nem jurídica: compõem-se de coletividades humanas, de todos os seres humanos de carne e osso, vivendo em sociedades humanas". (TRINDADE, 1993, p. 49).
[135] SOARES, 2001, p. 56.

suas possíveis manifestações jurídicas, não poderá fazer tábula rasa das condições materiais e culturais da sociedade política.

A questão ambiental, ainda mais quando reconhecida como elemento da agenda internacional, não terá como base somente as constatações científicas acerca do meio ambiente, mas também as aspirações ideológicas daqueles que estão com ela envolvidos. Viola e Olivieri destacam:

> Certamente, o ambientalismo está preocupado com a proteção e a administração do meio ambiente natural e humano, com a relação sociedade-natureza e com a sua degradação — a natureza é considerada base de recursos finitos que condiciona severamente o crescimento econômico ilimitado e a própria reprodução da espécie humana —, mas também deve ficar claro que os grupos ambientalistas têm ideologias, objetivos e métodos diversos que se defrontam *dinamicamente* em um complexo jogo de forças. Essa multiplicidade de cosmovisões, objetivos e estratégias apresenta-se mais nítida ao examinar detidamente as ações do ambientalismo a nível global.[136]

É relevante destacar que a própria Declaração de Estocolmo reconhece essa complementaridade que deve existir entre o local e o global, e ainda deixa claro como a questão ambiental pode ser instrumento de outras ideologias humanitárias. Cita-se, como exemplo de complementaridade, o princípio 23, e como exemplo das ideologias humanitárias instrumentalizadas pela questão ambiental, o princípio 15:

> **Principio 15** - Debe aplicarse la planificación a los asentimiento humanos y a la urbanización con miras a evitar repercusiones prejudiciales sobre el medio-ambiente y a obtener los máximos benefícios sociales, económicos y ambientales para todos. A este respecto deben abandonarse los proyectos destinados a la dominación colonialista y racista.
>
> **Principio 23** - Sin prejuicio de los criterios que puedan acordarse por la comunidad internacional y de las normas que deberán ser definidas a nivel nacional, en todos los casos será indispensable considerar los sistemas de valores prevalecientes en cada país y la aplicabilidad de unas normas que, si bien son válidas para los peíses más avanzados, pueden ser inadecuadas y de alto costo social para los países en desarrollo.[137]

---

[136] CASTRO, Marcus Faro de (org.). **A Sociedade Democrática no Final do Século**. Brasília: Paralelo 15, 1997. p. 211-212.

[137] TRINDADE, 1993, p. 253 e 255

A compreensão dessa relação global/local e a utilização da questão ambiental como ferramenta para discussão e trabalho de outros temas relacionados à expansão da vida humana, e de sua dignidade, possuem dois momentos que servem como síntese do exposto. O primeiro é a publicação do relatório Nosso Futuro Comum no ano de 1987. O segundo é a Conferência das Nações Unidas sobre o Meio Ambiente e Desenvolvimento, realizada em 1992, na qual foi proclamada a Declaração do Rio.

3.2.2 Relatório Nosso Futuro Comum: desenvolvimento sustentável e bem comum

O relatório Nosso Futuro Comum foi produzido pela Comissão Mundial Sobre Meio Ambiente e Desenvolvimento. Embora essa Comissão tenha sido criada por meio da Resolução nº 38/161 da Assembleia Geral da ONU, sua atuação deu-se como órgão independente. Isso possibilitou que todos os membros que dela participaram exercessem suas funções como indivíduos, e não como representantes de seus respectivos governos.[138]

Essa característica da Comissão traz forte significado. Tem-se um conjunto de pessoas, de diferentes nacionalidades, etnias, línguas e crenças religiosas trabalhando não como repetidores de políticas oficiais de seus Estados de origem, mas sim como artífices de uma posição comum da humanidade. Com isso corrobora-se, por meio da questão ambiental, o entendimento da teoria contemporânea dos direitos humanos, qual seja, a de que o indivíduo é sujeito de direito internacional. Verifica-se, por outro lado, e insiste-se nesse ponto, a possibilidade concreta do reconhecimento da unidade-na-multiplicidade. Por meio da questão ambiental, refletida na constituição e forma de trabalho da Comissão, percebe-se que há um elemento comum à humanidade; por conseguinte, a existência desse elemento comum possibilita o entendimento de bem comum conforme proposto no presente estudo.[139]

Em seu conteúdo, o relatório descreve vários elementos que acabam por ameaçar o equilíbrio ambiental e, em última análise, a própria sobre-

---

[138] COMISSÃO MUNDIAL SOBRE O MEIO AMBIENTE, 1991, p. 393.
[139] As palavras da presidente da Comissão: "Foi essencial o fato de todos nos termos tornado mais experientes, aprendido a suplantar as barreiras culturais e históricas. Houve momentos de grande preocupação e crise potencial, momentos de gratidão e realização, momentos de sucesso na elaboração de uma análise e uma perspectiva comuns. O resultado obtido foi certamente mais completo, mais realista e mais voltado para o futuro do que qualquer de nós, sozinho, poderia conseguir. Chegamos à Comissão com opiniões e perspectivas diferentes, valores diferentes. Após três anos de trabalho em comum, viagens, troca de experiências e debates, apresentamos um relatório que é de todos". (COMISSÃO MUNDIAL SOBRE O MEIO AMBIENTE, 1991, p. XV).

vivência humana na Terra. Para tanto, dois aspectos foram fundamentais na realização do trabalho: transparência e abrangência. A transparência foi perseguida na forma de audiências públicas e reuniões deliberativas realizadas em todos os continentes. Nelas procurou-se conhecer as realidades locais e oportunizou-se a manifestação de vários segmentos da sociedade: governo, empresas, organizações não governamentais e jovens.

A abrangência deu-se com a não limitação aos temas ligados de modo estrito ao meio ambiente, nas palavras da presidente da Comissão, Gro Harlem Brundtland:

> Em 1982, quando se discutiam pela primeira vez as atribuições de nossa Comissão, houve quem desejasse que suas considerações se limitassem apenas a questões ambientais. Isto teria sido um grave erro. O meio Ambiente não existe como uma esfera desvinculada das ações, ambições e necessidades humanas, e tentar defendê-lo sem levar em conta os problemas humanos deu à própria expressão meio ambiente uma conotação de ingenuidade em certos círculos políticos.[140]

Essa dimensão social da questão ambiental, por si, não é novidade. O ineditismo reside na forma como ela foi construída. O referido relatório não foi realizado como a Conferência das Nações Unidas Sobre Meio Ambiente Humano. Por exemplo, enquanto a Conferência *pertenceu* ao corpo diplomático dos países que nela se fizeram presentes[141], ainda que se reconheça a existência de eventos paralelos dos quais participaram cientistas e membros de ONGs, o relatório foi construído de maneira muito mais próxima dos outros segmentos da sociedade, conforme já apontado.

O relatório é amplo e faz do questionamento acerca do meio ambiente porta de entrada para uma nova perspectiva de vários assuntos antes considerados desconexos, como planejamento familiar, eficiência econômica, urbanização e cooperação internacional. Todo esse processo, no entanto, somente é possível pelo fundamento que norteou a estrutura do trabalho: o conceito de desenvolvimento sustentável. Na definição da própria Comissão: "O desenvolvimento sustentável é aquele que atende às necessidades do presente sem comprometer a possibilidade de as gerações futuras atenderem a suas próprias necessidades".[142]

---

[140] COMISSÃO MUNDIAL SOBRE O MEIO AMBIENTE, 1991, p. XIII.
[141] SOARES, 2001.
[142] COMISSÃO MUNDIAL SOBRE O MEIO AMBIENTE, op. cit., p. 46.

O conteúdo ético da definição, refletido na equidade entre as gerações presentes e futuras, já podia ser vislumbrado na Declaração de Estocolmo, em seu segundo princípio:

> Los recursos naturales de la tierra incluidos el aire, el agua, la tierra, la flora y la fauna y especialmente muestras representativas de los ecosistemas naturales, deben preservarse en beneficio de las generaciones presentes y futuras, mediante una cuidadosa planificación u ordenación, según convenga.[143]

Verifica-se pela própria linguagem utilizada na citada Declaração que ela foi construída ainda numa forte polarização entre capitalismo e socialismo, como percebe-se em expressões como "planificação" e "ordenação". O conceito desenvolvido pela Comissão ainda reconhece essa diferença, mas propõe algo para além dela. Atesta, para tanto, que é na própria amplitude, ou vagueza, que reside sua força persuasiva para a realização de vários projetos: "Haverá muitas interpretações, mas todas elas terão característica comuns e devem derivar de um consenso quanto ao conceito básico de desenvolvimento sustentável e quanto a uma série de estratégias necessárias para sua consecução".[144]

A Comissão indica com isso que a busca de aspectos comuns será essencial; ou dentro do referencial teórico ora adotado, que a busca da unidade-na-multiplicidade é central na realização do desenvolvimento sustentável.

O conceito de desenvolvimento sustentável, por outro lado, traz também o mercado para a formulação de alternativas à degradação ambiental. Com isso o meio ambiente deixa de ser observado posteriormente à implantação de alguma nova tecnologia ou ferramenta econômica, mas sim passa a ser observado como elemento importante durante toda a cadeia econômica:

> Também é preciso haver mudanças nas atitudes e nos procedimentos das empresas tanto públicas quanto privadas. Além disso, a regulamentação referente ao meio ambiente tem de ir além das costumeiras regulamentações de segurança, leis de zoneamento e de controle da poluição; os objetivos ligados ao meio ambiente devem estar embutidos na tributação, na aprovação prévia de investimentos e escolha de tecnologias, nos incentivos ao comércio exterior, enfim, em todos os componentes das políticas de desenvolvimento.[145]

---

[143] TRINDADE, 1993, p. 250.
[144] COMISSÃO MUNDIAL SOBRE O MEIO AMBIENTE, op. cit., p. 46.
[145] COMISSÃO MUNDIAL SOBRE O MEIO AMBIENTE, 1991, p. 40.

Essa relação entre mercado e meio ambiente, no âmbito da Organização das Nações Unidas, foi trabalhada mais detalhadamente na Conferência das Nações Unidas Sobre Meio Ambiente e Desenvolvimento, no ano de 1992. Deve-se destacar, contudo, que tal trabalho é fruto direto da forma com a qual a Comissão retratou o tema.

Cristiane Derani, ao seu tempo, identifica que o conceito de desenvolvimento sustentável falha em dois aspectos: quanto ao entendimento do conteúdo de necessidade das gerações presentes e futuras; e ainda quanto às alternativas a serem apresentadas ao mercado para a defendida sustentabilidade do desenvolvimento econômico.Quanto ao conceito de necessidade, a autora assim se posiciona:

> O conceito de necessidade, como todo conceito, possui um conteúdo histórico e cultural, e por si não é capaz de descrever um estado fixo, imutável, para todas as sociedades do planeta, e, sobretudo as 'futuras gerações'. O condicionamento do desenvolvimento sustentável ao abstrato e genérico suprimento de necessidades das presentes e futuras gerações ignora por completo a determinação social do que seja necessário e a variação de seus elementos no tempo e espaço. Há uma equivocada identificação entre necessidade natural e social. Exibe-se um total desprezo à sua origem nas sociedades e ao seu movimento moderno, eficientemente manipulado pelo desenvolvimento do marketing. Este instrumento da sociedade moderna é responsável por criações surpreendentes de 'necessidades', e sem ele a sociedade de consumo não sobreviveria.[146]

E conclui:

> Por tais motivos, julgo que uma proposta de redirecionamento da economia visando à satisfação das necessidades de todos os sujeitos da sociedade, vinculando o consumo ao apenas necessário, inibindo o aumento do consumo, para, assim, finalmente alcançar-se o almejado desenvolvimento sustentável é apenas um modelo de discurso apaixonante que se esgota nas palavras do interlocutor.[147]

Da leitura de outras passagens do próprio texto da autora, e ainda, do relatório Nosso Futuro Comum, entendo que é possível depreender outro entendimento.

---

[146] DERANI, Cristiane. **Direito Ambiental Econômico**. São Paulo: Editora Max Limonad, 1997. p. 134.
[147] *Ibidem*, p. 136.

O esforço pela transparência na construção de alternativas para o equacionamento da questão ambiental e ainda a forma abrangente com que o tema foi trabalhado são diferenciais na construção do relatório em face da Conferência de Estocolmo. Nesse cenário a crítica de Derani quanto à total desconsideração das realidades locais demonstra-se não só excessiva, mas também equivocada.

É forçoso reconhecer, também, que o relatório não se cingiu à situação econômica. O relatório vai além e aponta importantes políticas a serem adotadas quanto, por exemplo, ao processo de urbanização e de saúde pública. Em específico o relatório não prega um "não consumo", mas sim que o consumo, e a ferramenta econômica que o produz, é instrumento para um outro fim, uma vida melhor:

> Satisfazer as necessidades e as aspirações humanas é o principal objetivo do desenvolvimento. Nos países em desenvolvimento, as necessidades básicas de grande número de pessoas — alimento, roupas, habitação, emprego — não estão sendo atendidas. Além dessas necessidades básicas, as pessoas também aspiram legitimamente a uma melhor qualidade de vida. Num mundo onde a pobreza e a injustiça são endêmicas, sempre poderão ocorrer crises ecológicas e de outros tipos. Para que haja um desenvolvimento sustentável, é preciso que todos tenham atendidas as suas necessidades básicas e lhes sejam proporcionadas oportunidades de concretizar suas aspirações de uma vida melhor.[148]

Embora Derani reconheça que a necessidade humana é natural e social, ao sobrevalorizar a incitação social da necessidade, acaba por reduzir a própria personalidade humana.

É possível verificar, noutra perspectiva, que a dificuldade na implantação do desenvolvimento sustentável dá-se não só por contingências econômicas, mas também pela utilização do interesse comum como lastro na sua realização. A Comissão em seu relatório identifica na prática do interesse comum condição para a realização do desenvolvimento sustentável. Derani, embora faça críticas às limitações do conceito de desenvolvimento sustentável, também acolhe o interesse comum como ponto fundamental a ser observado em qualquer perspectiva ecológica.[149]

---

[148] COMISSÃO MUNDIAL SOBRE O MEIO AMBIENTE, 1991, p. 46-47.
[149] "Sociedade não é um agrupamento aleatório humano. O homem é um ser social, enquanto se solidariza com o outro para um objetivo comum de sobrevivência e existência. A perda do sentido de agrupamento social transforma

Como alternativa ao interesse comum, o que se propõe é a adoção de um outro lastro para dar suporte à sustentabilidade econômica e ambiental. Esse novo lastro não nega a existência de interesses, tampouco de contingências econômicas, mas é necessariamente anterior a ambos: o bem comum.

Com Platão descobriu-se o bem como a unidade-na-multiplicidade, que é ainda mais visível com a constatação contemporânea da interdependência entre sistemas ecológicos e sociais. Com Aristóteles verificou-se que a sociabilidade humana decorre de sua *finalidade última* e comum, e não do interesse comum de todos os homens. Com Tomás de Aquino, entendeu-se que o homem possui uma identidade composta substancialmente por dois elementos distintos (corpo e alma), ou seja, nos termos usados pela Comissão, *necessidades* e *aspirações* são necessariamente complementares.

Esses elementos acabam por ratificar o entendimento de bem comum construído do acúmulo histórico e filosófico de Platão, Aristóteles e Tomás de Aquino.[150] Paradoxalmente essa interpretação dos dados pode ser depreendida do próprio título do relatório "Nosso Futuro Comum". Não se pode confundir honestamente um *futuro comum*, ou, ainda, *uma finalidade comum* com interesses comuns.

O conceito de bem comum ora apresentado serve, dessa forma, de suporte a uma melhor compreensão do desenvolvimento sustentável, qual seja, o atendimento das necessidades da geração presente, sem prejuízo do atendimento das necessidades da geração futura, deve ser concretizado como meio de possibilitar o pleno desenvolvimento da personalidade humana, a qual é anterior e hierarquicamente superior à ferramenta econômica.

É possível constatar, em resumo, que o relatório Nosso Futuro Comum, elaborado pela Comissão Mundial sobre Meio Ambiente e Desenvolvimento, evidencia que o meio ambiente demanda pesquisas e políticas que articulem a realidade local com o contexto global. Fica evidente, por outro lado, que a questão ambiental não está restrita a temas de poluição ou não poluição, mas que se liga a um conjunto de elementos da realidade social que não podem ser dela desprendidos, como evidencia o conceito de desenvolvimento sustentável. Diante do exposto, acredita-se

---

união com o outro em sociedade num ato forçado. Uma violência à expansão da força individual. É a dessocialização do homem em sociedade e a desnaturalização do homem na sua relação com a natureza". (DERANI, 1997, p. 119).

[150] Conceito já apresentado no subcapítulo 3.2.1, qual seja: "O bem comum, assim, é fim social dinâmico, derivado da natureza humana, que se manifesta por meio do conjunto de condições materiais e imateriais, disponibilizadas com base em princípios distributivos e participativos que possibilitarão, a cada indivíduo da sociedade, por esforço próprio e conduta necessariamente ética, o pleno desenvolvimento das potencialidades de sua personalidade.

que o bem comum como apresentado renova a importância do desenvolvimento sustentável na medida em que supera o conceito de interesse comum, como descrito no relatório, e dá centralidade ao desenvolvimento da personalidade humana.

3.2.3 Conferência das Nações Unidas sobre Meio Ambiente e Desenvolvimento: um momento de síntese

Em 1992, realizou-se na cidade do Rio de Janeiro a Conferência das Nações Unidas sobre o Meio Ambiente e Desenvolvimento, também chamada de ECO 92. Desde que foi realizada a Conferência das Nações Unidas sobre o Meio Ambiente Humano, um novo patamar foi construído e conquistado nas políticas ambientais. Em 1992 não se questionava mais sobre quais fundamentos a política ambiental deveria estabelecer-se, quais segmentos sociais deveriam trabalhá-la, ou, ainda, o modo como a cooperação internacional se fazia importante.

É possível entender a ECO 92 como um momento de síntese da Conferência de Estocolmo e do relatório Nosso Futuro Comum. Um melhor entendimento dessa síntese, no entanto, requer que se destaquem as particularidades do momento histórico em que ocorreu a ECO 92.

Como indica Soares[151], de início, não mais existia a Guerra Fria. Com o fim do bloco soviético, houve, naquele momento, a diminuição da tensão geopolítica, então existente, entre Leste e Oeste. Desfeito esse cenário, ficou ainda mais evidente a polarização entre países desenvolvidos e os demais, ou, ainda, entre o Norte (majoritariamente rico) e o Sul (majoritariamente pobre).

Outro fato relevante foi o reconhecimento de que a identidade universal da proteção ao meio ambiente é apreendida de forma distinta de acordo com cada setor social; assim, a contribuição não se dá de forma homogênea pela coletividade, mas sim pela feição complementar de cada segmento.

A Declaração do Rio ratificou o entendimento de que o direito ao meio ambiente faz parte do conjunto dos Direitos Humanos, contudo deu nova visibilidade à questão do desenvolvimento. É verdade que em Estocolmo já se fazia referência ao desenvolvimento, porém é forçoso reconhecer que o mercado, ou, ainda, a economia mundial era outra. Não se encontram na Declaração do Rio, por exemplo, expressões como "planificação" e "orga-

---

[151] SOARES, 2001, p. 72.

nização", existentes na Declaração de Estocolmo. A diferença torna-se ainda mais evidente quando se contrasta o princípio 13 da Declaração de Estocolmo com o princípio 12 da Declaração do Rio:

> Principio 13 - A fin de lograr una más racional ordenación de los recursos y mejorar así las condiciones ambientales, los Estados deberían adoptar un enfoque integrado y coordinado de la planificación de su desarrollo, de modo que quede asegurada la compatibilidad del desarrollo con la necesidad de proteger y mejorar el medio ambiente humano en beneficio de su población.[152]
>
> Princípio 12 - Os Estado devem cooperar para o desenvolvimento de um sistema econômico internacional aberto e favorável, propício ao crescimento econômico e ao desenvolvimento sustentável em todos os países, de modo a possibilitar o tratamento mais adequado aos problemas da degradação ambiental. Medidas de política comercial para propósitos ambientais não devem constituirse em meios para a imposição de discriminações arbitrárias ou injustificáveis em barreiras disfarçadas ao comércio internacional. Devem ser evitadas ações unilaterais para o tratamento de questões ambientais fora da jurisdição do país importador. Medidas destinadas a tratar de problemas ambientais transfronteiriços ou globais devem, na medida do possível, basear-se em um consenso internacional.[153]

Soares[154] destaca que a ECO 92, portanto, foi o momento por meio do qual o meio ambiente foi importante ferramenta na tentativa de implantação de uma ordem econômica mundial que garantisse aos países menos desenvolvidos a possibilidade do desenvolvimento.

Nota-se que o meio ambiente exerceu para o desenvolvimento econômico função análoga à exercida pelos Direitos Humanos em relação a si próprio. Com isso, da mesma forma que o entendimento da proteção jurídica do meio ambiente ganhou nova dimensão com sua realização humanística, o desenvolvimento na perspectiva da sustentabilidade ambiental possibilita debates econômicos e perspectivas de responsabilização que em outras esferas dificilmente ocorreriam. Cita-se, à guisa de exemplo, o princípio 7 da Declaração do Rio[155].

---

[152] TRINDADE, 1993, p. 253.

[153] SEITENFUS, Ricardo (org.). **Textos Fundamentais do Direito das Relações Internacionais**. Porto Alegre: Livraria do Advogado, 2002. p. 372.

[154] SOARES, op. cit., p. 70-71

[155] "Princípio 7 - Os Estado devem cooperar, em um espírito de parceria global, para conservação, proteção e restauração da saúde e da integridade do ecossistema terrestre. Considerando as distintas contribuições para

O desenvolvimento sustentável que fora objeto central do relatório Nosso Futuro Comum, embora já estivesse implícito na Declaração de Estocolmo, na do Rio torna-se explícito inclusive nos seus aspectos de equidade intra e intergeracionais. Não obstante a crítica realizada por Cristiane Derani quanto às lacunas presentes no conceito de desenvolvimento sustentável, é válido destacar a crítica não menos ácida de Samuel Pinheiro Guimarães, que aqui parece ser mais oportunas de reflexão:

> A deteriorização do meio ambiente e a crescente escassez de recursos naturais, em especial a água e, em breve, o petróleo, levam à convicção de ser impossível reproduzir na periferia os atuais padrões de consumo do centro. Essa convicção está por trás da ideologia do desenvolvimento sustentável que, em primeiro lugar, desvia a atenção da opinião pública da necessidade e da obrigação dos países centrais de reduzir o extremo desperdício de seus elevados padrões de consumo de recursos e de poluição e, assim, permite ao centro mantê-los. Em segundo lugar, recomenda implicitamente que a periferia deva contentar-se em permanecer em seus atuais baixos padrões de consumo e encetar a tarefa paradoxal e dificílima de imaginar e executar estratégias de desenvolvimento sustentável, o que exigiria a intervenção do Estado em ambientes políticos nacionais e internacionais em que predomina o pensamento econômico liberal. Gera-se, assim, um preconceito anti-industrial nos Estados da periferia, que contribui para fortalecer indiretamente as estratégias que insistem em fundamentar o desenvolvimento em vantagens comparativas estáticas, com base na dotação de recursos naturais, com efeitos óbvios sobre as possibilidades de desenvolvimento a longo prazo.[156]

Essa crítica, contudo, não encontra suporte quando analisada em face da própria Declaração do Rio. A análise do desenvolvimento sustentável, seja no âmbito do relatório Nosso Futuro Comum, seja na Declaração do Rio, não se restringe à busca de um máximo crescimento econômico, e sim também é vista como ferramenta a possibilitar que o crescimento econômico seja compatível com as questões ambientais presentes e futuras,

---

a degradação ambiental global, os Estados têm responsabilidades comuns, porém diferenciadas. Os países desenvolvidos reconhecem a responsabilidade que têm na busca internacional do desenvolvimento sustentável, em vista das pressões exercidas por suas sociedades sobre o meio ambiente global e das tecnologias e recursos financeiros que controlam". (SEITENFUS, 2002, p. 371).

[156] GUIMARÃES, Samuel Pinheiro. Quinhentos anos de periferia. 1. ed. Porto Alegre: Editora da Universidade, 1999. p. 70.

e ainda como transformá-lo num mecanismo de cooperação internacional que diminua a distância entre os poucos que têm muito e os muitos que têm pouco.

A crítica de Samuel Pinheiro Guimarães somente sustenta-se na medida em que se tente ignorar o que está expressamente determinado no princípio 7 e 8 da Declaração do Rio[157]. Desses princípios depreende-se não somente a proporcionalidade das ações a serem exercidas pelos Estados, embora as responsabilidades sejam comuns, mas também que é a qualidade de vida e não o nível de consumo que serve como parâmetro para o desenvolvimento sustentável.

Paradoxalmente a referida crítica, embora questione o papel dos países centrais do sistema internacional, deixa transmitir em suas entrelinhas que todos os povos do mundo desejariam, ou precisariam, ter em suas respectivas sociedades um padrão de consumo e produção. Ou seja, tem-se a redução do homem à esfera econômica e a consequente invisibilidade de todos os outros aspectos que dão contornos a ele, como sua formação cultural.

Nessa perspectiva a ideia de desenvolvimento sustentável é importante não somente por ter como horizonte a viabilização das condições ambientais que dão suporte a uma vida digna no presente e no futuro, mas também por possibilitar que cada indivíduo, ou sociedade, tenha direito a realizar suas escolhas presentes e futuras. Por exemplo, a ideia do desenvolvimento sustentável não é ferramenta que visa "congelar" historicamente as comunidades indígenas, mas sim possibilitar que elas tenham todas as condições ambientais necessárias para a manutenção do seu desenvolvimento histórico, ao seu ritmo, dentro de sua cultura, de acordo com suas necessidades. Esse entendimento do desenvolvimento sustentável, que acaba por não corroborar a crítica de Samuel Pinheiro Guimarães pode ser confirmado quando da leitura do Princípio 22 da Declaração do Rio e da obra *O Renascer dos Povos Indígenas para o Direito*, de autoria de Carlos Marés:

---

[157] "Princípio 7 - Os Estados devem cooperar, em um espírito de parceria global, para a conservação, proteção e restauração da saúde e da integridade do ecossistema terrestre. Considerando as distintas contribuições para a degradação ambiental global, os Estados têm responsabilidades comuns porém diferenciadas. Os países desenvolvidos reconhecem a responsabilidade que têm na busca internacional do desenvolvimento sustentável, em vista das pressões exercidas por suas sociedades sobre o meio ambiente global e das tecnologias e recursos financeiros que controlam. Princípio 8 - Para atingir o desenvolvimento sustentável e mais alta qualidade de vida para todos, os Estados devem reduzir e eliminar padrões insustentáveis de produção e consumo e promover Políticas demográficas adequadas" (SEITENFUS, 2002, p. 371).

> Princípio 22 - As populações indígenas e suas comunidades, bem como outras comunidades locais, têm papel fundamental na gestão do meio ambiente e no desenvolvimento, em virtude de seus conhecimentos e práticas tradicionais. Os Estados devem reconhecer e apoiar de forma apropriada a identidade, cultura e interesses dessas populações e comunidades, bem como habilitá-las a participar efetivamente da promoção do desenvolvimento sustentável.[158]
>
> A luta dos povos indígenas há de ser a manutenção de um Estado tão fraco que não possa impedi-los de realizar plenamente sua cultura, religião e direito, mas tão forte que possa reprimir todos aqueles que violenta ou sutilmente procurem impedi-los de realizar plenamente a sua cultura, religião e direito.[159]
>
> O simples fato de adotar para estes povos o sistema jurídico ocidental, imaginado como um conjunto de valores universais, não garante uma convivência pacífica e harmônica, mas tão-somente um retorno ao surrado conceito de integração.
>
> Os princípios universais de reconhecimento integral dos valores de cada povo somente podem ser formulados como liberdade de agir segundo suas próprias leis, o que significa, ter reconhecido o seu direito e sua jurisdição. Poderíamos chamar isto de jusdiversidade.[160]

Verifica-se, diante do exposto, que a Declaração do Rio é importante síntese da Declaração de Estocolmo e do relatório Nosso Futuro Comum. Essa síntese e consequente complementaridade são ainda mais destacadas quando se verifica a relevância do tema na agenda internacional: a ECO 92 foi até aquele momento a maior Conferência já realizada pela ONU, contando com a participação de 178 Estados, dentre os quais 110 fizeram-se representar por seus chefes de Estado.[161]

Reconhece-se, por outro lado, que a ECO 92 não produziu somente a Declaração do Rio. Foi por meio dela que se estabeleceram, também, duas importantes Convenções: a Convenção Quadro das Nações Unidas sobre Mudança do Clima e a Convenção sobre a Diversidade Biológica. A primeira será trabalhada mais adiante, contudo, desde já, vale registrar ambas como frutos da referida Conferência.

---

[158] SEINTENFUS, 2002, p. 373.
[159] SOUZA FILHO, 1998, p. 194.
[160] *Ibidem*, p. 195.
[161] PRIEUR, Michel. **Droit de l'environment**. 4. ed. Paris: Éditions Dalloz, 2001. p. 42.

3.3 O desenvolvimento humano como lastro do bem comum e do Direito Sócioambiental

Com base nos referenciais teóricos trabalhados até o momento, pode-se verificar que tanto na construção de um entendimento de bem comum por pensadores clássicos como na proteção jurídica do meio ambiente no século 20 há um elemento central: o desenvolvimento do ser humano.

O conceito de bem comum decorre, necessariamente, de elementos racionais e éticos. Todo o estudo desenvolvido por Platão, Aristóteles e Tomás de Aquino, sobre esse tema, converge para o entendimento de que a sociedade organizada tem como objetivo central permitir o pleno desenvolvimento da personalidade humana. Aristóteles, nesse sentido, foi enfático em demonstrar que todas as demais possibilidades de associações humanas eram menores que a representada pela sociedade política, uma vez que essa representava uma finalidade que ligava todas as demais.

O reconhecimento da racionalidade como um elemento comum a todos os indivíduos e, por consequência, a possibilidade de exercer condutas éticas fazem com que o bem comum tenha fundamento não na comunhão de interesses, mas na natureza humana. O entendimento do bem comum como fruto da própria natureza humana impede que seu conteúdo seja trabalhado de forma unicamente utilitarista, ou, ainda, o bem comum com base na natureza humana afasta a possibilidade de uma construção social somente de interesses e torna realizável uma sociedade de comunhão.

Com isso, o bem comum é superior ao conceito de interesse comum na mesma medida em que, como indicava Platão, a justiça vale por si e por seus efeitos, e não somente por seus efeitos.

Não se trata, nesse contexto, de desprezar a realização material da vida, pelo contrário. A não submissão da pessoa à fome e outras formas de opressão é condição fundamental para a viabilização concreta do desenvolvimento da personalidade humana. A razão, porém, é identificada como elemento comum a todos os homens na medida em que representa a platônica unidade-na-multiplicidade. As condições físicas, no entanto, representavam variáveis em termos geográficos e culturais. Amartya Sen apresenta raciocínio que indica, de forma contemporânea, a mesma leitura:

> A utilidade da riqueza está nas coisas que ela nos permite fazer — as liberdades substantivas que ela nos ajuda a obter. Mas essa relação não é exclusiva (porque existem outras influências significativas em nossa vida, além da riqueza) nem uniforme

(pois o impacto da riqueza em nossa vida varia conforme outras influências). É tão importante reconhecer o papel crucial da riqueza na determinação de nossas condições e qualidade de vida quanto entender a natureza restrita e dependente dessa relação. Uma concepção adequada de desenvolvimento deve ir muito além da acumulação de riqueza e do crescimento do Produto Nacional Bruto e de outras variáveis relacionadas à renda. Sem desconsiderar a importância do crescimento econômico, precisamos enxergar muito além dele.[162]

Não há dúvida, noutra perspectiva, de que o meio ambiente é importante para a saúde e para a sobrevivência de uma cidade, como Aristóteles indicara. Mas o fato é que a perspectiva de mudança, fosse de uma família para outra localidade, fosse por meio da conquista territorial de outra área, não fazia do ambiente um elemento tão comum a toda humanidade como a razão o era. A razão é própria do homem; a natureza física e exterior a ele não o é. Por conseguinte, o homem é capaz de mudar o meio ambiente onde se encontra, ou encontrar outro que melhor o atenda, o que não ocorre com a razão.

A identificação da natureza comum do homem, da qual deriva o bem comum, com isso, tinha maior verossimilhança quando ligada a elementos racionais e éticos. Por outro lado, o meio ambiente, e o desafio que não poucas vezes ele representava para a vida humana, era entendido e trabalhado mais frequentemente com elementos utilitaristas e técnicos.

A contribuição apresentada pelo direito ambiental para uma perspectiva mais atual de bem comum dá-se com a possibilidade de se somar ao conteúdo racional e ético do bem comum um elemento exterior à natureza humana: o meio ambiente.

O Direito Ambiental, de forma inovadora, abre nova perspectiva para a compreensão e prática do bem comum. Lembrando-se de que no conceito de bem comum ora adotado existem elementos materiais e imateriais, que disponibilizados segundos princípios de distribuição e participação contribuem para o desenvolvimento da personalidade humana; é possível reconhecer que o meio ambiente ecologicamente equilibrado insere-se entre os citados elementos materiais. Além disso, o que destaca o conteúdo do meio ambiente como elemento materialmente necessário ao bem comum é o fato de ser fruído pelo princípio da participação.

Em matéria ambiental, não é possível a distribuição da qualidade do meio ambiente. O que se tem é a busca pelo estabelecimento de condições,

---

[162] SEN, 2000, p. 28.

para que todos participem de uma mínima qualidade deste elemento material do bem comum, sem o qual, inviabiliza-se o próprio desenvolvimento da personalidade humana.

Essa constatação, por outro lado, só se fez possível na medida em que houve a humanização da perspectiva jurídica com a qual o meio ambiente era tratado. Não fosse a teoria contemporânea dos direitos humanos ter ratificado a centralidade da pessoa na sociedade política, diante do flagelo representado pela Segunda Guerra Mundial, e, ainda, que a vida humana, incondicionalmente, enseja a própria dignidade em vivê-la, não se teriam os elementos que deram vazão à Conferência de Estocolmo, ao relatório Nosso Futuro Comum e à Declaração do Rio.

A convergência entre direitos humanos e direito ambiental dá-se, pois, na busca jurídica pela concretização da vida, e não da mera sobrevivência. Concretização essa que é só possível pela observância do bem comum, o qual tem em seu conteúdo o próprio desenvolvimento humano.

A referida soma torna-se evidente, por exemplo, na leitura apresentada por André Lima dos componentes que integram o Direito Ambiental. Na referida leitura, podem-se identificar princípios presentes na Declaração Universal dos Direitos Humanos, na Declaração de Estocolmo e na Declaração do Rio:

> Os direitos socioambientais, por sua vez, resultam de uma leitura sociambiental sobre os diversos direitos já consagrados na Constituição Brasileira de 1.988 tais como os direitos indígenas, direitos ambientais, direitos agrários, culturais dentre tantos outros.
>
> Assim, o meio ambiente ecologicamente equilibrado; a dignidade da pessoa humana[163] e a cidadania[164]; a construção de uma sociedade mais justa e solidária; o combate a todas as formas de racismo[165]; a autodeterminação dos povos[166]; a supremacia dos

---

[163] Declaração Universal dos Direitos Humanos, artigo 1º: "Todas as pessoas nascem livres e iguais em dignidade e direitos. São dotadas de razão e consciência e devem agir em relação umas às outras com espírito de fraternidade".

[164] Declaração Universal dos Direitos Humanos, artigo 21, 1: "Toda pessoa tem direito de tomar posse no governo de seu país diretamente ou por intermédio de representantes livremente escolhidos".

[165] Declaração de Estocolmo, princípio 1: "El hombre tiene el derecho fundamental a la liberdad, La igualdad y el disfrute de condiciones de vida adecuadas em um medio ambiente de calidad tal que permita llevar uma vida digna y gozar de bienestar, y tiene la solene obligación de proteger y mejorar el medio-ambiente para las geraciones presentes y futuras. A este respecto, las políticas que promueven el perpetúan el apartheid, La segregación racial, La discriminación, La opresión colonial y otras formas de opresión y de dominación extranjera quedan condenadas y deben eliminarse".

[166] Declaração do Rio, Princípio 2: "Os Estados, de conformidade com a carta das Nações Unidas e com os princípios de Direito Internacioanl, Têm o direito soberano de explorar seus próprios recursos segundo suas próprias

> direitos humanos; a função social das propriedades urbanas e rural; a valorização e a difusão das manifestações culturais e populares, indígenas e afro-brasileiras[167]; a proteção dos bens de natureza material e imaterial portadores de referência à identidade; à ação e à memória, as formas de expressão, os modos de criar, fazer e viver dos diferentes grupos formadores da sociedade brasileira; os conjuntos urbanos e sítios de valor histórico, paisagístico, arqueológico e ecológico; os espaços territoriais especialmente protegidos, a Mata Atlântica, a Floresta Amazônica, o Cerrado, a Caatinga, o Pantanal e a Zona Costeira, são apenas alguns dos componentes essenciais que integram essa complexa e dinâmica equação que resulta inexoravelmente na construção da síntese socioambiental brasileira.[168]

Tem-se, como corolário da síntese acima, a perspectiva de Veiga na análise da própria expressão jurídico-social:

> Pode parecer estranho, mas o processo de adoção do termo *socioambiental* nada tem de fortuito ou de acaso. Responde a uma necessidade objetiva. A um imperativo que nunca poderá ser entendido — e muito menos explicado — por quem insista em negar ou rejeitar que a relação entre cultura e natureza tenha um caráter essencialmente dialético.[169]

O direito ambiental, noutra perspectiva, da mesma forma como evidencia o meio ambiente como elemento material primário para o desenvolvimento humano, é, também, influenciado pelo condão ético que é próprio do entendimento de bem comum. Ou seja, assim como o entendimento de bem comum torna-se mais "sensível" na perspectiva do direito ambiental, o meio ambiente concretamente apresentado torna-se mais "inteligível" na medida em que não será somente matéria, reações químicas e físicas, mas também campo para a reflexão ética.

Segundo Aristóteles, em *Política*, existe no homem a natural tendência à sociabilidade. Chega-se a afirmar: "Ora, o que não consegue viver em sociedade, ou que não necessita de nada porque se basta a si mesmo,

---

políticas de meio ambiente e desenvolvimento, e a responsabilidade de assegurar que atividades sob sua jurisdição ou controle não causem danos ao meio ambiente de outros Estados ou de áreas dos limites da jurisdição nacional".

[167] Declaração Universal dos Direitos Humanos, artigo 27, 1: "Toda pessoa tem o direito a participar livremente da vida cultural da comunidade, de fluir as artes e de participar do progresso científico e de seus benefícios".

[168] LIMA, André (org.). **O Direito para o Brasil Socioambiental**. Porto Alegre: Sergio Antonio Fabris Editor. 2002. p. 12.

[169] VEIGA, José Eli da. **A emergência socioambiental**. São Paulo: Editora SENAC São Paulo, 2007. p. 129.

não participa do Estado; é um bruto ou uma divindade".[170] Não obstante, em Ética a *Nicômaco*, o filósofo indica a impossibilidade de existência de qualquer comportamento ação ética fora da perspectiva humana, uma vez que, como filosofia da conduta, somente no homem pode-se localizar a razão, a virtude e o vício.

É possível, com base nesse referencial teórico, ratificar a centralidade da pessoa mesmo em relação ao meio ambiente. A reflexão ética acerca do meio ambiente, portanto, será em face das consequências das ações humanas nas suas relações com aquele. Por exemplo, no que tange ao desenvolvimento sustentável, todas as políticas e instrumentos jurídicos adotados terão como elemento ético a equidade intra e intergeracional, o resultado positivo para o meio ambiente, pois será fruto de uma atitude ética que tem o próprio homem como executor e beneficiário.

O direito ambiental, com isso, encontra mais um ponto de conexão com o bem comum como elemento de viabilização do desenvolvimento humano, qual seja, a sua execução de forma necessariamente ética.

João Batista Damasceno, nesse sentido, indica que deve haver um conteúdo ético nas medidas relacionadas ao meio ambiente. Embora não nomeie a questão explicitamente, faz a seguinte referência entre ética e desenvolvimento sustentável:

> O legado da terra, com os recursos materiais e biodiversidade, nos foram transmitidos pelas gerações pretéritas, independentemente do uso que dela fizeram, revela a necessidade de igualmente legarmos, às gerações futuras, um meio ambiente saudável e condições de vida. E, vida em abundância.
>
> Neste sentido as preocupações ecológicas se revestem de natureza ética. Porque se trata de preocupações com os demais seres viventes do planeta, bem como as gerações futuras.
>
> Sem esta preocupação ética com a preservação da terra para as gerações futuras, a justiça, valor universal perseguido por todas as sociedades, não se realizará. E sem justiça, as sociedades caminham para a vilania. Sem um meio ambiente saudável a humanidade caminhará para a barbárie.[171]

Renato Nalini, ao seu tempo, corrobora essa perspectiva e aponta:

---

[170] ARISTÓTELES, 2002, p. 15.

[171] DAMASCENO, João Batista *apud* DUTRA, F.; VILARDO, M. A. T. **Estudos em Homenagem à Desembargadora Maria Colares Felipe da Conceição**. Rio de Janeiro: EMERJ, 2003. p. 99.

> Esse desafio posto a uma adequada *educação ambiental*. Ela precisa inverter a *equação do êxito*. Uma idéia de felicidade fundada na posse de bens materiais e na exaltação do próprio eu é a *felicidade narcisista*. Os outros aparecem numa consideração secundária e instrumental, possuindo valor enquanto *sirvam* para o desenvolvimento de minha própria felicidade e bem-estar. Nessa visão nova, os outros são parceiros tripulantes do planeta Terra. O ambiente é o bem comum a *todos*, não existindo apenas para me satisfazer. Ela substituirá a razão *narcisística* pela razão ética.[172]

Quanto ao conteúdo ético do desenvolvimento sustentável, o autor posiciona-se como segue:

> A solidariedade das presentes gerações para com as gerações futuras impõe a urgentíssima *reconvenção do mundo*, através de uma pró-ativa e conseqüente ética ambiental. Por sinal, que a ética ecológica levaria a um sistema de responsabilidades solidárias entre todos, liberados de uma visão acanhada de antropocentrismo.[173]

André Lima sintetiza de forma enfática: "O messiânico ideal do retorno ao Jardim do éden, livre dos vírus humano, além de segregacionista é absolutamente incompatível com o ideário socioambientalista de: o humano pela natureza. A natureza pelo humano".[174]

E conclui: "O desafio socioambiental está no encontro da justa medida".[175]

Das passagens indicadas anteriormente, é possível constatar a influência do ato filosófico de Platão, Aristóteles e Tomás de Aquino. Esses autores clássicos, cada um em sua perspectiva, não reduziram o homem à sua materialidade. Platão, por não reduzir a vida humana à sua dimensão material, demonstrou que a justiça vale por si e por seus efeitos, e, por conseguinte, que ser justo é melhor que parecer justo. Aristóteles demonstrou que a finalidade comum do homem, a felicidade, deriva do exercício virtuoso da razão. Tomás de Aquino, em sua leitura criacionista, identifica no homem sua identidade uma consubstanciada por uma natureza composta de elementos físicos e metafísicos. Logo, tão importante quanto às necessidades da alma são também as condições materiais da vida.

---

[172] NALINI, José Renato. **Ética Ambiental**. 2. ed. Campinas: Millennium Editora, 2003. p. XXXV.
[173] *Ibidem*, p. XLV.
[174] LIMA, 2002, p. 18.
[175] *Idem*.

Quando André Lima indica a busca da justa medida como desafio do direito ambiental, tem-se, em verdade, a revelação de que o conteúdo desse desafio é claramente ético, ou seja, o desafio do Direito Socioambiental dá-se no estabelecimento de uma relação virtuosa entre o homem e o meio ambiente. Sendo essa virtude[176] a justa medida entre uma visão estritamente antropocêntrica e utilitarista do meio ambiente (vício por excesso, na perspectiva humana) e uma visão estritamente naturalista de negação do homem e de sua natureza (vício por falta, também, numa perspectiva humana).

O desenvolvimento humano, como lastro do bem comum ora apresentado, diante de todo o exposto, emerge como a justa medida do direito ambiental. Este, ao seu tempo, confirma o bem comum para além da ideia de necessidade ou interesse comum, como pode ser identificado em breve passagem do artigo "Por que é necessário Preservar a Coruja-Pintada", de Amartya Sen:

> O mundo tem bons motivos para agradecer pela importância que essa idéia[177] adquiriu, mas é necessário perguntar se a idéia de ser humano que o conceito abarcar é suficientemente abrangente. É certo que as pessoas têm necessidades, mas também têm valores e, especialmente, valorizam sua capacidade de arrazoar, avaliar, agir e participar. Ver os seres humanos apenas em termos de suas necessidades pode nos dar uma visão um tanto insuficiente da humanidade.
>
> Para retomar uma discussão medieval, somos não apensas pacientes, cujas demandas requerem atenção, mas também agentes cuja liberdade de decidir qual valor atribuir às coisas e de que maneira preservar esses valores pode se estender muito além do entendimento de nossas necessidades. É possível, dessa forma, perguntar se as prioridades ambientais deveriam ser encaradas, igualmente, em termos da sustentação de nossas liberdades. Será que não deveríamos nos preocupar em preservar — e talvez expandir — as liberdades substantivas de que as pessoas hoje desfrutam sem comprometer a capacidade das futuras gerações para desfrutar de liberdade semelhante, ou maior?[178]

---

[176] "A virtude é, então, uma disposição de caráter relacionada com a escolha de ações e paixões, e consiste numa mediana, isto é, a mediana relativa a nós, que é determinada por um princípio racional próprio do homem dotado de sabedoria prática. É um meio-termo entre dois vícios, um por excesso e outro por falta, pois nos vícios ou há falta ou excesso daquilo que é conveniente no que concerne às ações e às paixões, ao passo que a virtude encontra e escolhe o meio-termo. Portanto, acerca do que ela é, isto é, qual é a definição da sua essência, a virtude é uma mediana, porém com referência ao sumo bem e ao mais justo, ela é um extremo". (ARISTÓTELES, 2003, p. 49).

[177] Referindo-se à idéia de desenvolvimento sustentável.

[178] SEN, Amartya. Por que é necessário preservar a coruja-pintada? **Folha de São Paulo**, São Paulo, n.º 630, p. 16-18, 14 de março de 2004.

O reconhecimento do desenvolvimento humano como a justa medida do direito socioambiental aponta para o resgate da fundamentação ética do direito. Essa perspectiva, não obstante, traz uma informação tão singela quanto poderosa: o direito ambiental, por si, não basta.

Se o direito ambiental tivesse somente na norma jurídica sua estrutura de apoio, a ele não se oporia o desafio da justa medida. Esse desafio, ao seu tempo, revela que em matéria ambiental o conceito de licitude é insuficiente. A ação que se espera do sujeito, nesse contexto, além de lícita deve ser virtuosa, pois não há alternativa para a justa medida no direito socioambiental, qual seja, o desenvolvimento humano, que não passe pelo reconhecimento do bem comum.

O desenvolvimento humano como ponto de convergência entre bem comum e direito ambiental, assim, contribui para a verificação de que a centralidade dada ao homem não acarreta a diminuição do meio ambiente. Essa diminuição do meio ambiente decorre, em verdade, quando o próprio homem perde seus referenciais éticos. É possível depreender, assim, nova perspectiva sobre os movimentos jurídicos que buscam identificar na fauna e na flora sujeitos de direito.

Tornar elementos naturais sujeitos de direitos não significa a contextualização do homem como somente mais um ser dentre os muitos existentes, mas o reconhecimento da crise ética que atinge o homem e que leva seus efeitos para o meio ambiente.[179]

Com o referencial teórico adotado neste estudo, que reconhece o bem comum como derivação da natureza humana, logo de uma função que somente o homem pode exercer (razão), identifica-se a diferença presente quanto ao entendimento de Leonardo Boff sobre um novo conceito de bem comum ligado à materialidade da vida:[180]

> A vida não é uma mercadoria. Por isso a pesquisa não se ordena ao lucro, mas ao melhoramento da própria vida.

---

[179] Essa perspectiva torna-se de realização tão mais difícil quando se percebe que embora não haja um lugar de destaque para o homem na natureza (afinal ele é apenas mais uma espécie). Ainda assim, é o próprio homem que afere a condição de sujeito de direito para as demais espécies.

[180] "Possuímos os mesmos constituintes físico-químicos com os quais se constrói o código genético de todo o vivente. Daí se deriva um parentesco objetivo com a comunidade de vida. Esse é o fundamento para ampliarmos a personalidade jurídica às montanhas, aos rios, às florestas aos animais e a todos os demais organismos vivos. Eles possuem direitos de ser e devem ser respeitados vivos. Eles possuem direitos de ser e devem ser respeitados em sua alteridade e singularidade". (BOFF, 2003, p. 66).

> Aprendamos dos antigos como sanar a crise civilizacional: vivendo sem excesso, na justa medida e no cuidado essencial para com tudo o que nos cerca.[181]

Como se vê, no entanto, mesmo aquela visão não pode prescindir da eticidade humana como fator de verificação de que é a vida e seu desenvolvimento que merecem proteção e promoção.

---

[181] BOFF, Leonardo. **Ética e Moral**: a busca dos fundamentos. Petrópolis: Editora Vozes, 2003. p. 73.

4

CONCLUSÃO

Este trabalho teve por objetivo demonstrar como o direito ambiental encontra no bem comum o referencial ético para instrumentalizar juridicamente o desenvolvimento humano.

Foi necessário, para tanto, percorrer duas etapas. A primeira teve por objeto a própria construção do conceito de bem comum; já a segunda dedicou-se à relação entre o bem comum e o direito ambiental.

A investigação do conceito de bem comum foi desenvolvida numa perspectiva filosófica e com base em três pensadores clássicos: Platão, Aristóteles e Tomás de Aquino. A Filosofia foi o campo teórico adotado porque nela se estabeleceu o início da investigação racional sobre o bem, sobre o homem e sobre a sociedade; elementos sem os quais não se pode estudar o conceito de bem comum.

A construção de um conceito de bem comum, com base nos citados autores clássicos, justifica-se pela própria perenidade de seus escritos. E durante o presente estudo foi possível verificar, em diversas passagens, como esses pensadores ainda se fazem presentes e contemporâneos.

O caminho para o entendimento de bem comum ora proposto tem como marco inicial a *República* de Platão. Essa obra não apresenta um projeto de Estado, e sim um projeto de vida. Platão faz da República uma grande metáfora para o questionamento filosófico da realidade dividida em sensível e inteligível. Questiona filosoficamente, ainda, a justiça, a razão, a alma e o bem.

Estudou-se, em seguida, Ética a *Nicômaco* e *Política*, ambas as obras de Aristóteles. Nelas entende-se que o bem pode ser conhecido na realidade sensível, o que indica importante diferença em relação às ideias de Platão, que entendia o bem somente no plano do inteligível. Aristóteles investiga o bem humanamente realizável e, nesse contexto, emerge como objeto de análise filosófica a virtude, o prazer, a felicidade e as relações humanas em sociedade.

Tomás de Aquino resgata para o século 13 o ato filosófico de Aristóteles. Esse resgate de ideias não significa, no entanto, mera tradução. As condições materiais e históricas de Tomás de Aquino eram objetivamente distintas, porém a principal diferença dava-se na própria perspectiva que cada um possuía da realidade. Tomás de Aquino tinha uma perspectiva católica e criacionista. Para ele, assim como para toda Igreja Católica de então, a realidade e tudo que nela existe assim o são pelo ato voluntário de Deus.

A importância desse pensador é revelada pelo conteúdo expansivo de seu ato filosófico. Por meio dele, entendeu-se que a identidade do homem é uma, porém sua natureza é composta pela união substancial de dois elementos distintos: corpo e alma. Com isso a negação de qualquer uma delas acarreta a inviabilidade do homem por completo.

Tomás de Aquino cunhou a expressão *bonum comune* e fez da realização desse bem comum, entendido como a participação comum de todos os homens, por meio da sociedade, no projeto divino, ou, ainda, no fim ético do Estado.

Analisando as ideias acima suscitadas, e, ainda, confrontando-as com as de outros autores também presentes neste estudo, chegou-se ao seguinte conceito: bem comum é um fim social dinâmico, derivado da natureza humana, que se manifesta por meio de um conjunto de condições materiais e imateriais, disponibilizadas com base em princípios distributivos e participativos, que possibilitarão, a cada indivíduo da sociedade, por esforço próprio e conduta necessariamente ética, o pleno desenvolvimento das potencialidades de sua personalidade.

Desse conceito de bem comum, apontam-se importantes aspectos: seu caráter ético, sua função subsidiária em face da primazia da pessoa, seu caráter difuso, seu conteúdo plural e a confirmação da pessoa como destinatária da sociedade política.

Identificado o conceito de bem comum, passou-se ao estudo da relação entre esse e o Direito Ambiental. O fato de o bem comum derivar da natureza humana e ter a primazia da pessoa como um de seus elementos, outorga-lhe uma perspectiva necessariamente internacional, a qual foi alcançada pelo meio ambiente somente quando este foi reconhecido como fundamento para o exercício dos direitos humanos.

Os Direitos Humanos, portanto, cumpriram dupla função. Ratificaram juridicamente a possibilidade de identificar uma natureza humana comum a todos os homens, elemento do qual deriva o próprio conceito de bem comum; e ainda tornaram possível a inserção do meio ambiente na agenda internacional.

A convergência entre os Direitos Humanos e o direito ambiental dá-se na medida em que ambos buscam garantir e promover a vida digna a todos os homens. Constata-se, assim, uma dupla universalidade de proteção jurídica. Uma que tem lastro no sujeito e outra que tem lastro na estrutura que permitirá o pleno desenvolvimento daquele.

O direito ambiental, nessa perspectiva, tem três momentos de especial destaque. Primeiro, sua consolidação na agenda internacional, conquistada na Conferência das Nações Unidas sobre o Meio Ambiente Humano, realizada em 1.972 na cidade de Estocolmo. Segundo: o estabelecimento do conceito de desenvolvimento sustentável elaborado pela Comissão Mundial Sobre o Meio Ambiente, em 1987, no relatório Nosso Futuro Comum. Terceiro, a ratificação dessa sustentabilidade e a busca pela instrumentalização de meios para tanto, na Conferência das Nações Unidas sobre o Meio Ambiente e Desenvolvimento, realizada em 1992, na cidade do Rio de Janeiro.

O reconhecimento do meio ambiente ecologicamente equilibrado como parte do rol dos Direitos Humanos traz resultados importantes: primeiro, verifica-se que o meio ambiente é elemento material-primário para o desenvolvimento humano, e isso o insere, de forma objetiva, como um dos elementos materiais por meio dos quais se manifesta o bem comum.

Como o bem comum decorre da natureza humana, ele possui necessariamente conteúdo racional e ético. Assim, quando estabelecido o referencial do bem comum, o meio ambiente não será apenas a sustentação física da vida, mas também espaço para a ação e reflexão ética do indivíduo na sociedade. Com isso o direito ambiental tem o desenvolvimento humano como meta, não só por fazer parte dos Direitos Humanos, mas também por instrumentalizar juridicamente um elemento material específico do bem comum.

Para o direito ambiental, portanto, que na perspectiva do bem comum promove o desenvolvimento humano, a simples licitude não lhe é suficiente. A realização de suas ferramentas jurídicas deve, por força do próprio conteúdo do bem comum, ser também virtuosa.

A importância desse novo entendimento dá-se à medida que é possível reavaliar, com novas perspectivas, não só o meio ambiente que será legado às futuras gerações, mas também o referencial ético com que se atua juridicamente em relação a ele.

O direito ambiental, de tal arte, encontra no conteúdo do bem comum não só a ratificação da necessidade do desenvolvimento humano — uma vez que faz parte do próprio rol de direitos humanos —, mas também o imperativo de que as ferramentas jurídicas que viabilizarão esse desenvolvimento reflitam o conteúdo ético daquele.

REFERÊNCIAS

AQUINO, Santo Tomás. **Suma Teológica**: Primeira parte – questões: 84-89. Tradução e introdução: Carlos Arthur Ribeiro do Nascimento. Uberlândia: EDUFU, 2004. 282 p.

AQUINO, Santo Tomás. **Verdade e Conhecimento**: questões disputadas "Sobre a verdade" e "Sobre o verbo" e "Sobre a Diferença entre a palavra divina e a humana". Tradução, estudos introdutórios e notas de Luiz Jean Lauand e Mario Bruno Sproviero. São Paulo: Martins Fontes, 2002. 390 p.

ARISTÓTELES. Ética a **Nicômaco**. Tradução de Pietro Nassetti. São Paulo: Editora Martin Claret, 2003. 240 p.

ARISTÓTELES. **Política**. Tradução de Torrieri Guimarães. São Paulo: Editora Martin Claret, 2002. 272 p.

BOBBIO, Norberto; MATTEUCCI, Nicola.; RAQUINO, Gianfranco. **Dicionário de Política**. v. 1. 12. ed. Tradução de Carmem C. Varriale, Gaetano Lo Mônaco, João Ferreira, Lupis Guilherme Pinto e Renzo Dini. São Paulo: Imprensa Oficial SP, 2002. 666 p.

BOBBIO, Norberto. **A Era dos Direitos**. Rio de Janeiro: Campus, 1992. 217 p.

BOEHNER, Philotheus; GILSON, Etienne. **História da Filosofia Cristã**: desde as Origens até Nicolanu de Cusa. Tradução e nota introdutória de Raimundo Vier O.F.M. Petrópolis: Editora Vozes, 1970.

BOFF, Leonardo. **Ética e Moral**: a busca dos fundamentos. Petrópolis: Editora Vozes, 2003. 125 p.

CASTRO, Marcus Faro de (org.). **A Sociedade Democrática no Final do Século**. Brasília: Paralelo 15, 1997.

CHAUÍ, Marilena. **Introdução à História da Filosofia**: dos pré-socráticos a Aristóteles. v. 1. São Paulo: Companhia das Letras, 2002.

COMISSÃO MUNDIAL SOBRE O MEIO AMBIENTE. **Nosso Futuro Comum**. Rio de Janeiro: Fundação Getúlio Vargas, 1997.

CONFERÊNCIA NACIONAL DOS BISPOS DO BRASIL. **Catecismo da Igreja Católica**. São Paulo: Edições Loyola, 2000. p. 934.

DALLARI, Dalmo de Abreu. **Elementos de Teoria Geral do Estado**. 16. ed. São Paulo: Saraiva, 1991.

DERANI, Cristiane. **Direito Ambiental Econômico**. São Paulo: Editora Max Limonad, 1997. p. 297.

DUTRA, Fábio.; VILARDO, Maria Aglaé Tedesco. **Estudos em Homenagem à Desembargadora Maria Colares Felipe da Conceição**. Rio de Janeiro: EMERJ, 2003. p. 192.

GALVÃO DE SOUZA, José Pedro; GARCIA, Clovis Lema; TEXEIRA DE CARVALHO, José Fraga. **Dicionário de Política**. São Paulo: T.A. Queiroz, 1998. p. 549.

GUIMARÃES, Samuel Pinheiro. **Quinhentos anos de periferia**. Porto Alegre: Editora da Universidade, 1999. p. 166.

GUTIÉRREZ, Eustaquio Galán. **La Filosofia Política de Sto. Tomás de Aquino**. Madrid: Editora Revista de Derecho Privado, 1945p. 231.

HOBSBAWM, Eric. **Era dos Extremos**: o breve século XX – 1914 – 1991. 2. ed. São Paulo: Companhia das Letras, 2001. p. 598.

HURRELL, Andrew.; KINGSBURY, Benedict. (org.). **The International Politics of the Environment**: Actors, Interest and Institutions. Oxford: Oxford University Press, 1991. p. 492.

JAEGER, Werner. **Paidéia**: a formação do homem grego. 2. ed. Tradução de Arthur M. Parreira. Adaptação para edição brasileira de Mônica Stahel M. da Silva. São Paulo: Martins Fontes, 1989.

LIMA, André (org.). **O Direito para o Brasil Socioambiental**. Porto Alegre: Sergio Antonio Fabris Editor. 2002. p. 413.

MEDAUAR, Odete (org.). **Coletânea de Legislação de Direito Ambiental**: Constituição Federal. 2. ed. São Paulo: Editora Revista dos Tribunais, 2003. p. 983.

MESSNER, Johannes. **Ética Social**. v. 1. São Paulo: Editora Quadrante, [196-?]. p. 518.

NALINI, José Renato. **Ética Ambiental**. 2. ed. Campinas: Millennium Editora, 2003. p. 376.

PIEPER, Josef. La Filosofia y el Bien Común. **Folia Humanisttica**: Ciências – Artes – Letras. Tomo XVIII, Mum. 205. Barcelona: Editora Glarma, 1980. p. 23-29.

PIOVESAN, Flávia. **Direitos Humanos e o Direito Constitucional Internacional.** 5. ed. São Paulo: Editora Max Limonad, 2002. p. 481.

PLATÃO. **República.** Adaptação de Marcelo Perine. São Paulo: Editora Scipione, 2001 P. 136.

PRIEUR, Michel. **Droit de l'environment.** 4. ed. Paris: Éditions Dalloz, 2001. p. 944.

REALE, Giovani. **História da Filosofia Antiga.** v. 2. São Paulo: Loyola, 1994 p. 503.

REALE, Miguel. **Introdução à Filosofia.** 4. ed. São Paulo: Saraiva, 2002 p. 306.

SANTIAGO, Afonso. **Bien común y derecho constitucional**: El personalismo solidário como techo tecnológico del sistema político. Bueno Aires: Universidad Austral, 2002. p. 274.

SANTOS, Boaventura de Sousa. **A Crítica da Razão Indolente**: contra o desperdício da experiência –3ªed. São Paulo: Cortez Editora. p. 415 (Para um novo senso comum: a ciência, o direito e a política na transição paradigmática, v. 1.)

SEITENFUS, Ricardo (org.). **Textos Fundamentais do Direito das Relações Internacionais.** Porto Alegre: Livraria do Advogado, 2002. p. 373.

SEN, Amartya. **Desenvolvimento como Liberdade.** Tradução de Laura Texeira Motta. Revisão técnica de Ricardo Doniselli Mendes. São Paulo: Companhia das Letras, 2000. p. 409

SEN, Amartya. Por que é Necessário Preservar a Coruja-Pintada? **Folha de São Paulo**, São Paulo, p. 16-18, n.º 630, 14 de março de 2004.

SHIVA, Vandana. **Biopiratraria**: a pilhagem da natureza e do conhecimento. Tradução de Laura Cardellini Barbosa de Oliveira. Petrópolis: Editora Vozes, 2001. p. 152. p. 349.

SILVA, José Afonso da. **Direito Ambiental Constitucional.** 4. ed. São Paulo: Malheiros Editores, 2002.

SOARES, Guido Fernando Silva. **Direito Internacional do Meio Ambiente**: Emergência, Obrigações e Responsabilidades. São Paulo: Editora Atlas, 2001. p. 896.

SOUZA FILHO, Carlos Frederico Marés de. **O Renascer dos Povos Indígenas para o Direito.** Curitiba: Juruá, 1998. p. 205.

TRINDADE, Antonio Augusto Cançado. **Direitos Humanos e Meio Ambiente**: Paralelo dos Sistemas de Proteção Internacional. Porto Alegre: Sérgio Antonio Fabris Editor, 1993. p. 351.

UTZ, Arthur Fridolin. **Etica Social**. Tradução de Carlos Marin Latorre. Barcelona: Editora Herdes, 1961. p. 542.

VEIGA, José Eli da. **A emergência socioambiental**. São Paulo: Editora SENAC São Paulo, 2007. p. 138.

VILHENA, Oscar Vieira (org.) **Direitos Humanos**: Normativa Internacional. São Paulo: Editora Max Limonad, 2001. p. 393.